理解
中国

主编｜贺雪峰 吕德文

花村肖像

转型中国的 农民生活

林辉煌 著

人民东方出版传媒
People's Oriental Publishing & Media

东方出版社
The Oriental Press

图书在版编目（CIP）数据

花村肖像：转型中国的农民生活 / 林辉煌 著 . —北京：东方出版社，2023.8
（理解中国）

ISBN 978-7-5207-3492-9

Ⅰ.①花…　Ⅱ.①林…　Ⅲ.①农民—生活状况—中国　Ⅳ.①D422.7

中国国家版本馆 CIP 数据核字（2023）第 102257 号

花村肖像：转型中国的农民生活

（HUACUN XIAOXIANG: ZHUANXING ZHONGGUO DE NONGMIN SHENGHUO）

作　　者：林辉煌
策　　划：姚　恋
责任编辑：杨　磊　李志刚
装帧设计：张　军
出　　版：东方出版社
发　　行：人民东方出版传媒有限公司
地　　址：北京市东城区朝阳门内大街 166 号
邮　　编：100010
印　　刷：北京明恒达印务有限公司
版　　次：2023 年 8 月第 1 版
印　　次：2023 年 8 月第 1 次印刷
开　　本：660 毫米 ×960 毫米　1/16
印　　张：18
字　　数：200 千字
书　　号：ISBN 978-7-5207-3492-9
定　　价：54.80 元
发行电话：（010）85924663　85924644　85924641

"理解中国"总序

当前，中国正处于百年未有之大变局的关键时刻，理解中国是一个时代命题。

中国在延续一百多年来的现代化之路。"革命"和"改革"是中国时代变迁的主题，这注定了中国的现代化具有赶超性，其"变局"在某种程度上是规划出来的，结果却是剧烈的，也可能是意外的。

中国现代化在开启一种新的可能性。中国式现代化是勾连过去和现在的"变局"。当前的中国社会有无限的发展动力，也暗藏着社会风险。我们要顺利到达彼岸，还需要理解当下。

我们可以说，"变局"意味着一个全新社会形态的出现。无论从哪个角度上看，中国都已经告别了乡土社会，城市和乡村交融共生的城乡社会形态正在成型。当前，中国的城镇化率已经超过了65%，绝大多数人口都生活在城市，且相当部分生活在农村的人口也曾经生活在城市，都市生活方式已经扩张。但是，中国城市化具有典型的"半城市化"特征，人们也普遍过着"亦城亦乡"的生活，乡村是中国现代化的稳定器和蓄水池，乡土生活仍然是中国人的人生价值和生活意义的源泉。

中国社会运行的底层逻辑在发生改变。一些根植于传统中国的社会机制，如家庭本位、集体主义等，在工业化和城市化过程中不断地解体和重构。在互联网技术的加持下，人们的生活世界和交往行为在变革。哪怕是最弱势的老人，最偏远的农村，也很难摆脱现代生活方式的洗礼。但我们必须警惕，将抽象和外来理论机械地运用于解释中国社会。因为，中国式现代化过程根植于中国传统文化，也与中国特色的城乡关系有关。我们提倡进入到中国社会内部中去，"理解中国"，就要调查中国、认识中国。

过去二十多年来，华中村治研究团队一直致力于"理解中国"。20世纪90年代末，我们开展了转型期社会性质研究，对乡村治理的社会基础展开研究。2009年，我们出版了中国村治模式实证研究丛书，试图揭示进入21世纪后中国农村正在发生的静悄悄的革命。此后，我们又以团队的博士论文为基础，出版了华中村治研究丛书，对中国社会变迁的诸多专题开展了系统研究。这些年来，我们也努力将自己的一线观察及时呈现出来，参与公共政策讨论。

华中村治研究团队坚持"田野的灵感、野性的思维、直白的文风"的学术风格，我们的灵感来自田野，分析根植于经验，写作服务于大众，真正践行把学术做在祖国大地上。

"理解中国"丛书尝试理解"变局"，以鲜活、灵动的方式将中国社会的底层逻辑呈现出来。丛书论题不拘一格，我们希望通过持续的努力，将"变局"图景拼接完整。

贺雪峰　武汉大学社会学院教授

2023年6月16日

目　录

前言　农业产业化的迷思

美丽乡村

在当前中国的农业发展中，存在一对看起来相互矛盾的现象：一方面，从中央到地方都在努力推动农业产业化，投入大量的资源，希望带动广大农民发家致富；另一方面，成功的农业产业化案例并不多见，农民还经常怨声载道。

花村，2000多人口，在中国的中部地区是很普通的一个村庄。幸运的是，在几年前，花村被选为美丽乡村建设示范点，从此迎来了大量的项目资金。这些项目资金主要用于花村的农业产业化建设。

美丽乡村，是国家对农村未来发展的蓝图构想。早在2005年党的十六届五中全会就提出建设社会主义新农村的重大历史任务，提出了"生产发展、生活宽裕、乡风文明、村容整洁、管理民主"的具体要求。2008年，浙江省安吉县正式提出"中国美丽乡村"计划，提出用十年左右时间，把安吉县打造成为中国最美丽乡村。很快，安吉的实践就在全国引起强烈反响，得到中央的高度认可。2013 年，当时的国家农业部全面启动"美丽乡村"创建活动，并于次年发布了美丽乡村建设的十大模式。

在美丽乡村建设的十大模式中，排在首位的就是"产业发展型"。花村在打造美丽乡村示范点的时候，基本上就是围绕着产业发展展开的。事实上，在接下来中国将大力推进的乡村振兴战略中，"产业振兴"也是作为首要目标被提出来的。

产业振兴？

对于花村来说，传统的产业是以粮食作物和经济作物为主的第一产业。农民很清楚，种植粮食作物是很难创收的，只有经济作物种植才有可能发家致富。早前，当地农民主要种植西瓜，后来市场行情不好，大家又纷纷改种桃子、李子、石榴等。农民跟着市场走，什么水果好卖就一拥而上拼命种，结果市场供给过多反而卖不出好价钱，农民一看市场行情不好，又一哄而下全砍掉。在这种恶性循环之下，农民根本赚不到什么钱。

摆在当地政府面前的首要问题就是，如何带动农民将产业发展起来，形成示范。实际上，分散的小农要组织起来发展某种特色产业难度很大，风险也不小，对于地方政府来说是一个麻烦的事情。既然农民动员不起来，也不敢去动员，但是又要搞农业产业化，那就只能依靠农业企业或种植大户了。现在，美丽乡村建设的大量资源要投放到花村，对于地方政府来说，理想的模式是将这些资源集中投放给农业企业，鼓励其大力发展乡村旅游，并带动其他小农户发展农家乐。

于是，当地政府要求花村的干部必须在短期内把很大一片农地流转给集体，再由集体统一租给农业企业。同时，为了支持花村的开发，政府将农田整治项目，也优先安排给花村，尤其是农业企业所在的项目点。据了解，花村的农田整治费投入超过2700万元，其中作为农业企业配套建设的投入就超过1000万元，包括两个总投资800多万元的温室大棚和各种水利、道路设施。

此外，当地政府通过整合项目资金，投入3000多万元给花村项目点修建景观路。游客中心、干部培训教育基地的几栋房子，也是政府投钱建的。农业企业园区里面的沟渠，也是政府支持建设的，花了几百万元的资金。

花村发展旅游最大的卖点是一条贯穿全村的河流——花河。无论是花河的水上旅游项目还是沿河的步道，对水量和水质都有一定的要求。花河的水来自上游的水库，主要用于农业灌溉。政府为了支持公司旅游项目的开展，跟水库管理部门打了招呼，让他们既要保持花河的水量，同时又不能放太多的水，确保水上游乐设施能够用得起来。

农家乐的糟心事

为了配套乡村旅游的餐饮和住宿，政府通过财政补贴引导村民搞农家乐，把老旧房子修缮一新，接待游客吃饭和住宿。

虽然政府、企业都投入了不少的资金，农民为农家乐也投入了一大笔钱，但是效果不甚理想。这几年，农业公司几乎是年年亏钱。虽然公司希望通过市里的旅游公司把客流量引过来，但是说实在的，花村这个项目点并没有什么看头。在当地政府一些干部看来，类似花村这种乡村旅游的模式在周边也不少，几乎都是大同小异，花村的比较优势并不明显。

由于旅客不多，而且很多是来自周边的散客，他们开车来花村看个半天就回家了，很少在村里吃饭。因此，花村的农家乐并不怎么红火，真正赚钱的也就那几家跟政府或村集体关系比较紧密的。一些农家乐干脆把门关了，安心种田或外出打工。那些继续坚持的农家乐，为了争夺客源，时而也会爆发冲突，原本关系不错的家庭，因为利益冲突而反目成仇。

由于美丽乡村建设的资源主要集中到项目点所在村民组，其他村民组对于基础设施建设的需求则很难得到有效满足。比如有个小组长就抱怨说，他们组的一个泵站坏了好几年，虽然一直跟村里申请进行维修，但是根本得不到落实，直接影响到农户的粮食种植。

还有一些农民担心，原本灌溉条件就不太好，现在花河的水量排放为了照顾公司的旅游项目又受到限制，会不会影响下游地块的灌溉呢？

农业产业化的风险

作为美丽乡村建设示范点的花村，其农业产业化的遭遇实际上是近年来中国农村建设的一个缩影。在中国，农业产业化的政策倡导出现于 20 世纪 90 年代初期，它是一种以市场为导向，试图依靠龙头企业带动，将农产品生产、加工、销售有机结合，实现一体化经营的生产组织方式。

最近三十年多来，农业产业化被视为农业现代化的核心内容，几乎成为中国农业发展最重要的理论和政策范式。在实践中，农业产业化主要表现为鼓励土地规模经营、引入农业企业、推动三产融合等。然而，从笔者的调研情况来看，农业产业化的效果并不理想，花村令人伤感的发展故事并非孤例。

调研发现，在第一产业的经营上，因为需要大量雇工，农业企业的效率并不比小农来得高；在第二产业的经营上，并不是每个村、每个乡镇都需要建农业加工厂，在哪里建厂，建多少厂，是由市场决定的；在第三产业的经营上，农村能做的主要就是乡村旅游，但是除了少数城郊村以及风景名胜村，大多数偏远的乡村都缺乏乡村旅游的潜力。理性的资本都明白，越往偏远的农村走，资本投入的风险就越大。

实际上，农业产业化的实践常常以失败告终的原因并不复杂。从根本上讲，在"人均一亩三分、户均不过十亩"的人地关系格局下，中国农村的资源尚不足以支撑起几亿农民的安居乐业。他们的经济收入和家庭发展，主要还是要依靠年轻人在城市的辛勤务工，以及中老年人在村里务农，而不是在政府引进的农业企业中打工。

这种"城乡之间的代际合作模式"决定了，广大农民不可能轻易放弃手中的承包地。这些承包地一方面为家庭经济贡献了接近一半的收入，另一方面他们也清楚，如果有一天城市经济不景气或者自己年纪大了在城市找不到工作，回到农村至少还有一块安身之地。这也是 2008 年金融危机以及 2020 年新冠疫情导致大量失业的情况下，在城市务工的广大农民并没有感到特别焦虑的根源。他们提前返回农村或推迟回到城市，无非是过了一个更长的春节假期罢了。

从这个意义上讲，农村依然是中国现代化发展尤其是城市化建设的稳定器和蓄水池。中央也不会轻易改变农村集体土地制度，正是这一制度确保了农民在必要的时候能够"退回农村"。如果大规模地、强行地推行农业产业化，尤其是大规模土地流转，很可能切断农民和土地的关联，不仅农业产业化自身很难成功（就像花村一样），而且很可能给中国农村社会埋下不稳定的因素。

回到农业基础设施

因此，在农村发展的政策设计上，我们需要更多地聚焦于如何完善农业基础设施，为农业耕作提供便利性，满足广大农民最主要的需求。

农地整治是最核心的农业基础设施建设。围绕着农业耕作的便利性，在当前及未来一段时间内，应倡导适度规模经营，将原本碎片化的农地整合成大田，使得农户可以集中在一两块农地上耕作。

水利是农业的命脉，是仅次于农地的农业基础设施。大宗农作物生产最困难的地方在于产中环节，尤其是水利灌溉。一方面，要加强中小型水利设施的修缮和建设；另一方面，要加强农田水利合作，这也许是比水利工程更为关键的问题。我们在某些产粮大县调研发现，由于基层水利合作难以组织起来，一些大型水利工程甚至都发挥不了作用。

除了土地和水利之外，道路交通和机械化对于农业生产来说也非常重要。目前村村通公路已基本实现，但是村庄内部的道路以及农田中的机耕道依然是比较落后的，不利于农民将生产资料运到田间地头，也不利于农民将农产品运出来。事实上，道路交通和机械化发展情况与农地和水利的格局关系密切，一般来说，农地平整程度高、单块面积大、水利设施规整，那么田间机耕道就容易布局，也有利于大型机械作业。

另外一项重要的农业基础设施是农业技术。近年来，农业技术的推广和应用几乎处于停滞的状态，农民种田完全依靠自身经验甚至靠天吃饭。农民该种什么品种，如何套种，如何防治病虫害，如何减少土地污染，等等，实际上都需要有一套完善的农业技术支持体系。在很多乡镇，原来专门提供农技服务的部门已经形同虚设，根本发挥不了技术引领的作用。

概言之，对于广大农民来说，围绕耕作便利性展开的农业基础设施建设而不是农业产业化，才是他们最为关切的利益所在，这也是中国坚持稳健的现代化道路的利益所在。

第一章

种田？打工？

65 岁的男人，种田意味着什么?

离开，回来

上午九点钟的小卖部显得格外安静，没有儿童来买零食，没有老人来买香烟，只听到淅淅沥沥的雨点打在屋檐上，发出清脆的响声。店主老包和他的老伴，弓着背，坐在门口的矮凳上，侍弄着中午要吃的一些食材。

听说国家现在已经放开了三胎，老包都觉得有些恍惚。想当年，自己生了两个孩子还被罚了款。大女儿出生于 1980 年，隔了五年多，小儿子出生。当时村干部要老包交 3000 多元的罚款，老包找医院开了证明说老大有心脏病，最后只罚了 1000 多元。实际上，按照当时的政策，农民头胎是女孩，隔了几年是可以再生二胎的。老包之所以被罚款，是因为儿子出生那一年，他们全家都买了商品粮户口，不算农民了。

那些年，农村都流行花钱买商品粮户口，挂在花县或花镇，一个户口 5000 元。这个价格也不便宜，不过商品粮户口倒是可以让小孩在城里接受教育，如果你在城里有关系的话，说不准也可以在公家的行当里谋个事做。因此，一般都是有点能耐的人家才做这个事情，把年轻人的户口迁到城里，老人则继续保留农业户口。

老包的兄弟在花县政府部门上班，走了点关系，因此可以免费把全家的户口迁到县里。户口迁过去之后，老包 30 多亩的耕地也退给了集体，然后举家搬到县城，搞起来屠宰的行当。那个时候，屠宰还属于公家的行当，在里面搞事，还是可以赚到钱的。后来屠宰市场放开了，老包所在的屠宰场已经不怎么赚钱，这才又回到乡下。

回来那一年是 1995 年。当时农业负担重，农民都不愿意种田，老包估摸着至少有 30% 的耕地被抛荒了。老包把他和老伴的户口重新迁回村里，两个孩子的户口继续留在城里，虽然他们也回到农村生活。刚回来的时候，老包只能捡其他人抛荒的地种，实际上，村干部也很希望老包多捡些地种，这样可以多交些农业税费。就这样，老包陆陆续续捡了四五十亩的耕地，每亩要上交 150 元的税费。因为老包是捡的耕地，不是正儿八经的承包户，因此交的税费算少的，一般的承包户每亩要交 350 元。

种田，打工

老包还记得，耕地二轮延包是 1997 年，他捡的那些耕地正式成为他们家的承包地。没过几年，国家开始进行税费改革，农民种田的负担大大减轻。这时候，很多原来抛荒不种、没有参加二轮延包的农民都跑回来，想要重新拿回土地耕种。村干部也觉得很郁闷，当年负担重你抛荒，别人老老实实种着田、交着税费，现在负担轻了，你要让人家把重新分配的承包地拿出来给你种，谁愿意啊。要田的人只好三番五次跑到老包家里，哭着喊着说活不下去了。没办法，老包只好让了一半的土地出去。实际上，这不是花村一个地方的问题，全省那几年都存在这个问题，因为想要重新分配土地而引发的纠纷特别多，以至于省委省政府专门发文，要求各地依法完善耕地二轮延包的工作。

儿子读完初中就回家种田了，就跟他的很多同学一样。考虑到儿子越来越大，老包开始为儿子的婚事操心。首要的事情就是要盖个新房子，没有梧桐树，哪来的金凤凰！眼看手头积蓄差不多了，老包于2003年盖起了新房。果然，过了两年儿子就结了婚。因为花村的土地多，而且西瓜的行情也不错，那个时候的年轻人一般都愿意留在家里种田。老包的儿子也不例外，成家之后继续在村里干活。家里买了一台404拖拉机，平时就是他在开。儿媳妇呢，老包和老伴都坚决不让她下地干活，叫她安心带娃，在家里做做饭就可以了。这么几十亩田地，三个劳动力已经绰绰有余了。

后来，西瓜市场不太景气了，而且小孙子也渐渐长大，家庭的开支压力越来越大，老包的儿子儿媳决定带着8岁的小孩外出打工。那是2015年，也就是前后几年，花村外出打工的人才开始增多了。早些年，老包的外甥女到广东打工，嫁给了当地人。也是因为这个缘故，才介绍老包的儿子过去打工。打工的地方是一个封闭式工厂，老包儿子做的是焊工，媳妇照顾小孩上学，偶尔打些零工。

说心里话，老包真舍不得儿子一家到那么远的地方打工。出门在外，哪能有什么好日子过的。在家里，怎么说也是一家团圆，什么事情都能有个照应。

懒庄稼，不懒

在花村，像老包这样的小卖部还有几个，生意都不怎么好。因为交通方便了，村民都愿意跑到附近集市的商场购物。会玩手机的，时不时也玩一下网上购物。来老包这里消费的，无非是图便宜和方便的老人和儿童。实际上，儿童也不多了，这几年外出打工的年轻人都愿意把小孩带在身边。一年到头，老包的小卖部也就赚个千把块钱，要放在十年前，一年赚个万把块都不在话下。

要不是为了方便周边的几个老伙计时常来买点东西，老包和老伴其实都不太想把这个店开下去了。好在小卖部只是个副业，老包两口子的主要收入来自种田。

说起来，老包已经 65 岁了，身体也不算太好。老伴也已经 60 出头。但是老两口依然种了近 30 亩的地。

种这么多地，忙得过来吗？老包笑了，那得看你种的是什么，我们家主要就种懒庄稼，也不是特别辛苦。

花村的农民管那些好种、不需太费人力、机械化程度比较高的庄稼叫懒庄稼，你比如说玉米、小麦，特别是玉米，几乎就是懒庄稼的代名词。当然，懒庄稼不太费人力，那就得费点钱请机械，毕竟野蛮成长对于庄稼来说可能无所谓，对农民来说绝对不是什么好事。

小麦，玉米和水稻

老包身体一直不太好，前年稍微恢复了一些，这才开始种小麦。原来只是种一季玉米，很难有什么收入，只有一季玉米再加上一季小麦，才可能赚点钱。一般来说，小麦收割之后（11月初完成播种，5月底完成收割）才开始种玉米。老包去年种了18亩小麦，每亩可收1000斤，去年1斤的收购价是1.05元，也就是每亩的毛收入是1050元。

每亩小麦的成本包括，40斤种子，每斤2.8元，计112元；肥料200元；耕作费100元；撒种子，1个工120元，需要3个工，计360元，平均每亩20元；机械收割每亩30—60元；农药需要打3道，药的费用是200多元；如果遇到旱情，还需要抽水，每亩费用60元。合计一下，如果风调雨顺，种1亩小麦的成本是662—692元，纯收入358—388元，18亩的纯收入是6444—6984元；如果天旱需要抽水，则成本是722—752元，纯收入298—328元，18亩的纯收入是5364—5904元。

老包并非全面采用机械化，而是严格计算成本收益，进而决定是采用机械，还是用人工。比如说，小麦撒种子，老包就不用播种机，他发现播种机播得太密，导致小麦的根比较细，容易倒伏，从而降低了产量。因此他宁愿请人工来撒种子。如果自己的劳力能够胜任，老包尽量不请工。比如说打药就是老包两口子自己打，如果请人工的话，那几乎就是亏本的。如果自己忙不过来，又不是特别紧急的话，老包则会请亲戚朋友来帮工。比如把收割好的小麦拉走，只要请亲戚朋友的3辆车就可以一次性搞完，不用付工资，无非是管一顿饭，给点烟抽罢了。

机械收割的费用为什么是30—60元1亩，差别这么大？原来，这跟你请的农机手有关，本地的农机手要比河南老乡的贵不少。比如去年老包是请的本地农机手来收割小麦，花了1200元。如果请河南老乡的话，只要600元就够了。虽然请本地农机手是贵了不少，但是有一个好处是你可以提前跟农机手预定时间，能赶得上收割时间。河南老乡的车队是跨省运动，你不确定他们什么时候会经过你这里，如果赶上了，那自然好，赶不上了，也只好请本地农机手。

收完小麦，就可以种玉米了。作为懒庄稼的代表，玉米的亩产量也有1000斤，去年1斤的卖价是1元，因此1亩玉米的毛收入是1000元。种1亩玉米的成本呢，则包括以下几个方面：种子50元；首次下肥的肥料200元，后面还要追肥100元，肥料合计300元；耕作费100元；机械播种60元；农药的费用300多元；机械收割60元；把玉米拉走，也是请亲戚朋友来帮工。算下来的话，1亩玉米的成本是870元，还不包括老包两口子自己的劳动力。这样，1亩玉米的纯收入只有130元，还不到小麦的一半。18亩玉米，一年的纯收入为2340元。

作为花村农民，水稻自然是要种的。老包每年也会种个6亩水稻。如果机械都是自家的，那么每亩水稻的纯收入可以达到1500元。如果全部依靠自己和亲戚朋友的免费劳动力，那么每亩水稻的纯收入可以达到1200元。老包家里没有齐全的机械，也没有那么多可以免费使用的劳动力，一些关键环节还是要请机械或人工。算下来，1亩的纯收入在1000元上下，6亩田则有 6000 元。

西瓜，花生

老包还种了 20 亩左右的西瓜，跟玉米套种在一起。很多人会选择西瓜跟棉花套种，因为棉花的收入更高，但是也比较费人工，老包和老伴根本忙不过来。西瓜 1 亩可以收 5000 斤，现在每斤的平均价格是四五毛，这样 1 亩的毛收入是 2000 元左右。1 亩西瓜的成本则包括西瓜苗 350 元；耕作费 100 元；种苗一人一天可以搞 2 亩，1 个工 120 元，1 亩就是 60 元；因为病虫害多，需要打五六道药，1 亩 300 多元；肥料 1 亩 250 元；采瓜可以自己搞，不算成本。这样算下来，1 亩西瓜的成本是 1060 元左右，纯收入有 1000 元左右。老包种了 20 亩西瓜，不计算自己人工工资的话，一年纯收入是 2 万元。

另外，老包还种了 6 亩花生，这可是最近几年利润比较高的经济作物了。先来看成本吧。1 亩花生，需要 30 斤种子，如果在市场上买种的话，1 斤八九块。为了省钱，农民一般都是自己留种，特别是像老包这样种植规模不大的。耕作费 100 元。播种呢，主要靠自己。老包早上 6 点起床，下田播种，中午 12 点回家吃饭，顾不上休息，中午 1 点又下田，晚上六七点才回家。这样一天 12 小时，总共搞了 5 天才播种完毕。如果请工的话，一天最多搞 9 小时，至少需要 6 个工，每个工 120 元。也就是说，老包亲自播种的话，每亩可以节省 120 元的成本。

然后是农药费用，每亩至少 300 元。首次下肥需要 200 元，后面追肥需要 20 元。收割至少要请 7 个工来拔花生，1 个工 180 元，平均每亩费用是 210 元。花生拔起来之后，还要请机械来下果，1 亩要 80 元。同时还要请 4 个工把整颗花生植物投放到机械里面，这样机械才能下果，1 个工 140 元，平均每亩费用是 93 元。这样算下来，种 1 亩花生的成本是 1003 元，略低于西瓜的成本。

成本这么高，那收益如何呢？老包掰着手指数了数，1 亩可以收 10 包带壳花生，1 包 85 斤，合计 850 斤。100 斤带壳花生可以出 80 斤花生米，1 亩可以出 680 斤花生米。按照去年 4 元 1 斤花生米的平均价格，1 亩的毛收入是 2720 元，纯收入有 1717 元。6 亩花生，一年的纯收入有 10302 元。

这估计是回报最高的作物了，但是对人工的消耗实在有点大，因此，老包也不敢盲目扩大种植规模，否则很多原来可以自己搞的环节就需要请人工了。而且，种花生既怕天涝，又怕天旱。尤其是收果的时候，天涝了，花生就原地长芽，天旱了，花生很难从地里拔起来。如果有很多免费劳动力的话，那倒是可以多种。可惜老包可以用的免费劳动力，数来数去也就两个。

包田，帮工

把所有的收入拢一拢，老包两口子一年的纯收入包括小卖部 1000 元，小麦取中间值 6000 元，玉米 2300 元，水稻 6000 元，西瓜 20000 元，花生 10300 元，共计 45600 元。老两口在村里生活，生活开销也不大，一年攒个 4 万元应该没问题。想一想，年轻人外出打工，一年到头能剩个 4 万元回来，应该也不太容易吧。

虽然有不少老板和大户找过老包，想要流转他的土地，但是老包没有任何犹豫就拒绝了。你想啊，1亩地一年的租金才200元，太不划算了。老包30亩土地自己种，平均下来每亩的纯收入都有1500元左右。而且，那些老板和大户包的田多，也不懂得爱惜，经常可以看到荒田，到时农民收回来种也就不好种了。自己的田自己种，都要心疼一些。俗话讲，深耕一寸，抵上一道肥。老包一脸认真地笑着，我还可以把秸秆翻到田里作肥呢。

而且，60多岁的人了，田地包出去，自己还能干什么呢？闲散在家里，张口吃饭都要钱，你找孩子要，还得看人家脸色，还不如自个赚自个花，图个自由自在不受气。老包低着头，轻快地理着菜，一丝惬意的微笑在嘴角荡漾着。

实际上，如果老包的身体再好一些，他还可以加入花村的用工队。原来大家伙都是免费帮工，后来因为种西瓜的数量分化，帮工不对等，免费帮工就让有些人吃了亏。因此，最近五年来，请帮工都是要付费的，除了那些劳动量比较对等的亲戚朋友，还可以维持小范围的免费帮工。一般来说，每个小组都有一个工头，你如果需要请帮工，只要跟这个工头说一声，需要多少人，做什么，什么时候要，工头就会帮你联系帮工。如果本小组的帮工不够用，工头还可以帮忙联系其他小组的工人。

老包所在的小组，工头是组长的妈妈，她手下至少有10多个帮工。作为工头是不提成的，自己也要做工，无非是稍微清闲一点，人缘好一点，能够把闲散的劳动力组织起来。这些帮工，一般都是60岁以上的，家里种的田不多，身体也还可以，空闲时间比较多。他们一年帮工也可以赚个一两万元。

老了，尊严

老包当然也知道，那些个整天看儿子儿媳脸色过活的老家伙，没有几个不是气鼓鼓的。现在这个年代，就算是家里只有一个儿子的，合不来的还不是要闹分家。怎么分？老人跟儿子一家分开呗。至于分家的理由，都谈不上什么理由，无非是饭菜不对胃口，卫生习惯不一样，成天待在一个屋檐下彼此都看不顺眼，于是各种小吵大吵，不绝于耳。既然这样，那还不如分开算了。老人分点口粮田，自己种着吃，住在老宅子里面。

其实，老人都不想给小孩找麻烦，年轻人也有年轻人的压力。老人能够养活自己，那最好就是靠自己，除非哪一天真的干不动了。何况，分出来之后，老人赚的钱归自己花，本来生活成本也不高，剩余的钱还可以给孙子买点零食，逢年过节送点红包什么的。这么一来，两代人的关系反而更融洽了。

田间劳动，除了可以维持自己的尊严，不会觉得人老了就一无是处，只能坐吃等死；而且，适当的劳动也是一种体育锻炼，有助于保持身体健康。

每一年，老包都需要就如何合理安排农作物的搭配进行深入思考，耕作过程中也需要随时做出调整，随时计算每种作物的投入和产出情况，琢磨什么样的劳动力和机械投入搭配最合理。老包相信，像这样始终保持思考，对自己的大脑都是一种很好的锻炼，不容易老年痴呆。

劳作过程中的合作，特别是亲戚朋友间的免费帮工，也是老包非常看重的社会交往。比起闲来无事打麻将，老包更喜欢共同劳动中的交流和玩笑，以及劳动之后一起聚餐和吹牛。这让老包有一种重返青春的幸福感。

有时候，老包会想象着就这样度过晚年生活：在熟悉的村庄社会中，不同年龄段的老人和中年人，一起劳作，一起吃饭，一起玩笑，相互照料，相互支持，相互慰藉。这是一个没有围墙而生机勃勃的乡村养老院。

经济学家说农民亩产10万元！武哥笑了

随着农民外出务工潮的兴起，基层政府开始操心：农村的土地没人种了，事情大条了！于是开始表现出忧心忡忡的样子，迫不及待动员资本下乡，推动土地大规模流转，搞特色种养，将中国粮食安全、农民致富和农业现代化的希望寄托在"新型农民"的身上。为了显示大规模土地流转是造福广大农民的良心决策，基层政府宣称资本种田或大户种田会带动农民致富，尤其是当资本和大户搞特色种养之后。资本和大户把土地"非粮化"是很容易理解的行为，大规模种植粮食作物实在是没多少利润空间。然而，大搞特色种养就好了吗？第一问，维护粮食安全这个初心去哪里了？第二问，特色种养能给资本和大户以及普通农民带来什么好处呢？经济学家说通过土地流转和特色种养，农民每亩地可以收入10万元，靠谱吗？来听听花村小组长武哥大战经济学家的故事。

小组长武哥，怎么说也是奔六的人了，在他脸上却一点也看不出岁月的残忍。在浓密乌黑的头发的映衬下，武哥红润的脸庞时常挂着几朵微羞的笑意，让你不禁怀疑勤劳种田的男人似乎天然地拥有一种让时间驻足的神力。

不搞机插秧

20 世纪 70 年代末期，武哥初中毕业后就留在家里务农。当时还是人民公社体制，在村里干什么活，由队里的干部说了算。武哥的同学老唐，毕业后给集体喂猪，武哥则是给集体放牛。没过几年就分田到户了，头些年武哥还在队里当过农业技术员，主要是跟着老同志学习。

武哥有四兄弟，还有一个妹妹，队里给他们家分了 40 多亩的地，每年插秧都忙不过来，只能请亲戚家门过来帮忙。武哥挺怀念那段时光，虽然苦了点，但是当时的人都蛮纯粹的。亲戚家门过来帮忙，只要有空都是随叫随到，成本无非是请他们吃顿饭，以及他们需要帮忙干农活的时候你也尽力支持。最近这几年，大家伙都市场化了，你请亲戚家门来帮忙干活也得付工钱，不给钱好像是占人家便宜一样。虽然花村在 20 世纪 90 年代已经开始推广机械化，但时至今日，依然有大量的农活需要依靠人工，比如说插秧、挖红薯、起花生、摘棉花、采桃李，等等。当然，如果你和亲戚家门能够结成一个比较稳定的互助班子，彼此帮忙的程度差不多，那就不需要付钱了。

在武哥承包的 40 多亩地里面，水田有 12 亩。整体来看，水稻的机械化程度还算高的，整田都用自家拖拉机，几乎每家每户都有一大一小 2 台拖拉机。大的拖拉机用来耕地、拉西瓜，小的拖拉机主要用来打药、捞棉花。2 台拖拉机，这算是花村种田人家的基本配置了。毕竟，用自家的机械能省下很多钱。比如，自己开拖拉机整地，1 亩只要 40 元的成本，请人来整至少要 100 元。

　　跟年轻一辈的老涂和强子不同，快奔六的武哥对机械化并没有那么迷恋。用不用机械，取决于精细的成本收益计算。比如，整田用机械是划算的，尤其是用自家机械。很难想象，没有被岁月糟蹋的武哥用牛整田是一番什么景象。所以，整田用机械基本上是不用商量的。但是插秧就不一样了，选择机插秧还是人工插秧，在武哥看来就有很多门道需要琢磨。通盘考虑之后，武哥最终坚持采用人工插秧（主要是抛秧，下同）。如果是机插秧，1亩地的成本（含育秧）是300元，而武哥的亲戚家门大且结成了稳定的互助班子，他可以一下子请到七八个亲戚家门过来免费插秧，小半天就可以把12亩水田搞定，成本只有1亩100元的种子费用，是机插秧的成本的三分之一。

　　而且武哥仔细观察过，机插秧的产量没有人工插秧高，大概每亩能差个200斤，折算成人民币也是200多元。也就是说，人工插秧每亩可以节约200元的成本，同时多赚200多元，一减一增，每亩可以多收入400多元，10亩就可以多收入4000多元。武哥为自己能把账算得这么清，有点不好意思地露出几朵微羞的笑意。

外出打工"狗不理"

　　打住，武哥，你把人工成本给吞了吧！经济学家实在听不下去了，一触即跳，大声喝止：虽然你武哥自己插秧没有计算人工费，你的家门亲戚来帮忙也没有计算人工费，但是这些都是要折算成人民币的，这叫劳动力的影子价格，这叫机会成本，懂不懂？来来来，经济学家给你重新算一笔账：同样的任务，武哥加上七个亲戚小半天搞完 12 亩，花村人工插秧的劳动力市场价是每天每人 180 元，那么武哥等 8 人搞半天的人工成本是 180 元 ÷2×8 人 =720 元，平摊到 12 亩水田，则每亩人工插秧的劳动力成本是 60 元；加上每亩 100 元的种子费用，以及武哥自己育秧的人工投入，少说每亩的总成本也要 200 元！

那也比机插秧来得划算！每亩还是可以多收入 300 多元！武哥拨弄了一下浓密的黑发，有点不好意思地露出几朵微羞的笑意。

聪明的经济学家很不服气，寻思着再找几个概念和数据来证明武哥自己亲自下田插秧绝对是不理智的选择：如果把土地包给别人，不就可以安安心心出去打工了吗？一个月就算只有 3000 元工资，一年也有 36000 元的收入，武哥的老婆也有 36000 元的收入；再加上土地租金，假如每亩租金是 1500 元，武哥的 40 亩耕地一年的租金就有 6 万元，三项收入加起来就有 13 万元，又轻松又自在，何必守着几亩土地来受苦受累呢？

武哥听了忍不住扑哧笑了两下。他开始以为经济学家是在跟他开玩笑，直到他注意到经济学家的眼里飘着一种蜜汁自信的救世主光芒，连忙收住原本想扑哧出去的第三声笑。即使我不亲自插秧，武哥悠悠地说，也没有一个工作会等着我啊！不要被我的外表迷惑了，其实我已经是奔六的人了，到外面打工，就像我隔壁那个老头说的，基本上属于"狗不理"。我老婆就更不行了，看起来比我还老。再说了，我们在家里除了种田，还要照看孙子，你是经济学家，来来来，帮我算一下，如果我们老两口不带孙子，交给儿子儿媳带，那他们只能一个人不工作专职带孩子，另一个人就要工作养活城里的三个人，城里的消费水平高，这明摆着不划算！你是城里的经济学家，连这个生活常识都不知道吗？

老板不可能一傻到底

武哥瞥了一眼，看到一朵鲜红的云缓缓爬上聪明的经济学家的脸庞，于是继续絮叨下去。你说土地每亩的租金是1500元，不愧是经济学家，连这都能算出来。我们隔壁小组，还真有块旱地以每亩1500元的高价承包给了一个老板，大概是2016年的事情，当时的合同一下子就签了十年，租金三年一给。旱地嘛，肯定是用来种经济作物，前些年花生效益特别好，老板决定就种花生。城里的老板真是有钱，出手就是阔绰，不仅租金高得离谱，而且所有种植管理工作都是请的人工，老板自己太忙，也没可能成天盯着这些工人，就叫小组长帮他看着。这花生啊，如果是农民自己家里种自己管理，1亩可以收入2000多元，老板以为他请工人种也可以有这个收成，所以即使租金高达1500元，还是可以赚500元，100亩不就可以赚5万元吗？

聪明的经济学家点头如捣蒜，露出了欣喜的笑容。

可惜没两年，老板这块地就大亏了，武哥不慌不忙地往下说。为什么亏？老板自己不管理，都得请人工，漏洞实在是太大了，没有人会像种自家的花生一样来帮老板种，他们赚的都是日结工资，能按时上下班已经不错了。结果，每亩的收入还不到1000元，连付租金都不够。老板也不可能一傻到底，第二年还没结束就强行毁了合同，把地给退了。农民因为已经拿到了三年的租金，也就没把老板抓起来打。但是他们的心里并不是一点气都没得，因为老板把承包的土地平整了，结果土地面积反而减少了，分下去的时候农民都不干，为这件事，农民跟村组干部扯皮了很长时间。

聪明的经济学家一脸不屑，那不就是个案吗，只有蠢笨的老板，没有不赚钱的规模经营，更没有蠢笨的经济学家。

武哥没接茬，悠悠说了一句，隔壁村的土地大平整，引进了一家知名的农业公司来租地搞大棚，也亏了。

哼，又是一个蠢笨的老板！聪明的经济学家把头一扬，似乎准备抛出几个成功的案例。

亩产 10 万元？

再说说我们花村的另一个小组吧，武哥没等经济学家抛出成功案例，又继续絮叨。这个组，有 80 多亩土地，被一个老板"买断"了，1 亩的价格是 1 万元。最早的时候是用来养牛，亏了；后来用来种西瓜和棉花，亏了。实在是有点沮丧，老板就把土地转包给我们组的农户老猫，每亩租金 350 元，这个价格嘛，在花村还算是合理的，可以看出这个老板并不太傻。老猫在这块地上耕耘了三年，种西瓜、种红薯、种包菜，有亏有赚，整体来说还是不赚钱。后来老猫不想再冒险，就把土地退给了老板。花村的农民看到这等情形，都不愿意接手这块地，老板只好转包给外地人。

　　肯定是没找准特色产业、没有"制度改革配套"，只要找准特色产业，配上优良的制度，每亩都可以产出 10 万元[①]。聪明的经济学家愤愤不平，为什么花村和老板不请他来指点一二。

　　武哥笑了，他不懂经济学这个行当，只知道农民在尝试各种特色产业的过程中吃尽了苦头。比如，2015—2016 年，花村和几个老板形成产业联盟，动员农民大规模种辣椒。当时声势非常浩大，村干部要求小组长们必须到农民家里动员，要像动员儿子娶媳妇一样动员农民种辣椒。好家伙，那两年村里种了三四百亩的辣椒，而且在老板的亲切指导下，辣椒长得又大又多又红，夕阳西下的时候，还真叫个好看！结果，好看又不能当饭吃，那两年辣椒市场供大于求，相当不景气。之前老板跟农民谈得好好的，你们尽管先出种子钱，尽管种，大大地种，收成之后老板统一拿去卖，到时再扣除农民垫付的种子钱。如果辣椒能够卖个 1.8—2 元 1 斤，农民还可以赚一些，好了，那两年的价格跌到了每斤 5 毛钱。农民没赚到钱，老板跑路没给种子钱，大家伙就跑来找组长。组长也是受害者，找他有什么用！

　　现在红薯价格不错，你们怎么不大规模种呢，是不是有点傻！聪明的经济学家又献上锦囊妙计，并不要求武哥支付专家咨询费。

　　哪里没种啦，喏，你眼前那片绿油油的不就是红薯么。武哥低垂着眼帘，叹了口气。搞特色种养就像赌博，要是大规模搞一

---

　　① 　经济学家刘守英教授 2020 年 9 月 25 日在清华大学"中国新型城镇化理论·政策·实践论坛"以《农业工业化与农业产业革命》为题发表演讲，他说："现在湄潭一个农户每亩的土地收入可以达到 5 万块钱，我跟他们提了一个倍增，能不能在'十四五'期间做到 10 万元？这是可以的。"

种经济作物，基本上就是必死无疑。2021 年我们种红薯，开始的时候 1 块多 1 斤，大家舍不得卖，放在地窖里，想着价格再高一点卖。结果没承想，疫情来了，没有老板来收购，可怜一大堆红薯卖不出去都烂了。最后每斤的价格只有三毛五毛。李子、桃子，还不是一样，广东、福建的老板上不来，只有周边的小贩来收购，根本就销不出去；2020 年 1 亩地的水果可以赚四五千元，2021 年能保本就不错了。

自己种田也不差

聪明的经济学家转了几下脑袋说，既然种田不赚钱风险大，你们还是趁早出去打工，两口子每年拿 13 万元挺好的。哦，好吧，就算你们这里的租金只有每亩 350 元，那 40 亩也有 14000 元，加上你们两口子的工资，也得有 86000 元。

武哥感觉两个人不在一个频道上，明明说了他们老两口在外面打工属于"狗不理"，哪来的工资？而且每亩 350 元的租金，也只有好田才有这个价格。刚刚都说了，老板来租地基本都是亏本的，哪里去找一傻到底的老板来我们村包地种田呢？

你们农民啊，只有自己包地大规模搞特色种养，或者把地包给老板大规模搞特色种养，然后自己到城里打工，或者在村里给种植大户打工，这是唯二的选择，否则自己守着几亩田种些家常作物，一定是惨不忍睹的。经济学家抚摸着他那聪明的大脑，由衷地佩服自己的专业能力。

武哥一想，这不对啊，这么些年来我都是自己种田，搞一些家常作物，没觉得惨不忍睹啊。花村的土地多，户均都有 20 亩以上，武哥家里有 40 多亩。农民除了种水稻之外，也搞经济作物。虽然搞经济作物有赚有亏，但是农民不会把所有鸡蛋放在一个篮子，而是每种经济作物都种一点，市场风险也就分散了。在2004—2007 年期间，花村农民的务农收入达到了历史的顶峰，当时种的西瓜、棉花、花生价格都相当不错。武哥那几年的纯收入都有 12 万元以上，后来经济作物尤其是西瓜不太景气，武哥跟其他农民一样，改种其他的水果，同时扩大水稻和小麦的种植面积，这几年的纯收入也在 10 万元上下。特别是像武哥这样的，种水稻不请外面的机械，能用人工就用人工，纯收入更高一些。

经济学家猛地跳起来，这不可能，你一定算错了，你把地租给别人种自己外出打工，一年也就 86000 元的收入，怎么可能自己在家普普通通种个田，也不搞规模经营，也不搞特色产业，你就能纯赚 10 万元！聪明的脑袋在经济学家脖子上晃来晃去。

不要"放卫星"

武哥有点担心经济学家再这么摇下去会出问题，赶忙上前把他扶到太师椅上坐着。

老实的武哥只好把自己种田的历史跟经济学家一五一十地交代一番。20 世纪 90 年代初期，武哥就跟着其他村民开始种西瓜，那些年西瓜收益真叫个好，每亩可以收入四五千元，很多农民都不种水稻了。2004—2007 年，是花村农民最好过的几年。2010年开始，西瓜产量减少了，农民也种得少了，有的改种其他水果，有的改种水稻和小麦。这些年农民开始种红薯，正常年份的话每亩可以收入 2000 元。当然，经济作物的价格是不稳定的，农民还是想多种点水稻小麦，既简单，价格又稳定。

武哥算了一笔账。如果像他一样，机械、人工都自己搞定，种水稻的成本是 750 元 1 亩，种小麦的成本是 500 元 1 亩。一般来说，农民都是一季水稻一季小麦交替着种，小麦的收入可以抵掉水稻和小麦的种植成本，这样算下来，每亩田一年可以赚 2000 元。武哥家里种了 12 亩水稻小麦，一年的纯收入就有 24000 元。剩下 30 亩的地，有的种红薯，有的种西瓜，有的种桃子李子，平均下来每年也可以赚个七八万元，总共加起来差不多就有 10 万元。当然，扣掉生活开支，尤其是照顾孙子的费用，每年能攒下来的钱也就几万块钱。如果你家里只有 20 多亩地，收入自然要低很多。

这么说吧，老实的武哥总结道，在我们花村，如果两口子种 20 多亩地，收入就跟外出打工差不多；如果种 40 多亩地，那收入就要比外出打工好很多；如果你像组长老涂那样，种 50 多亩地，家里有几台大型拖拉机可以替别人干活，那么年收入 20 万元以上不在话下。现在机械化很发达，老年人种田也不用太花力气嘛，只要水利、道路条件可以，他们种个几十上百亩田根本没有困难，总比在城市混吃等死来得好。当然，你也别想着通过大规模搞特色种养每亩能赚个五万十万，那都是胡扯，是"放卫星"。

不要寄希望于老板来租地，不要寄希望于什么大规模种植，更不要寄希望于什么特色种养，武哥不知不觉开启了人生导师模式。要相信农民的大脑，他们并不见得比你们经济学家来得蠢笨。如果能够种植适度规模的田地，农民在村里也可以过上不错的日子，虽说不可能每亩赚 10 万元获得大富大贵，但是也不比外出务工差。前提是要由农民自己来配置资源，到底是买机械，还是雇佣机械，还是雇佣劳动力，还是自己亲自下田；到底是种水稻还是小麦，种西瓜还是红薯，这些都应当由农民自己来决定。如果他们觉得有搞头，也可以自行组织生产合作社或供销合作社。但是不要鼓动老板来包地，更不要打着亩产 10 万元的幌子鼓动农民搞什么大规模特色种植，能不能赚钱，农民心里明镜似的。

农民需要政府做什么？

那按你这样说，老板不能动，政府也不要介入，那中国农业的现代化还搞个鬼啊！聪明的经济学家立马抛出一些令人眩晕的大词。

武哥不懂什么农业现代化。他把口水咽下去，缓缓说道，农民并不是不让政府介入，相反，要大大地介入，但是要搞对位置才行嘛！现在种植西瓜不景气，其他经济作物的价格也不稳定，很多农民都希望多种点水稻小麦，但是我们小组缺水严重，如果年成不好，就会搞得颗粒无收，就像去年一样。我们小组的地势高，不能直接用水库的水灌溉，种田都要依靠大堰塘。这个堰塘是集体时代修建的，有 80 多亩，原来可以通过泵站从水库的干渠提水，可以管三四百亩的水田。前年的时候，泵站被龙卷风给摧毁了，因为资金问题，一直没有得到维修。前年村里有个土地整治的项目，我们农民都希望从这个项目出点钱把泵站给修一下，但是这个项目是政府外包出去的，有专门的施工队来搞，别说我们小组长说不上话，村书记都不顶用。结果，项目是出了100多万元用来搞这口堰塘，但不是修理泵站，而是加高堰塘的堤坝。

武哥叹了口气。这年头，项目下来都跟农民没什么关系，上面想怎么搞就怎么搞，农民根本说不上话。你说这100多万元来维修泵站，够够的，多好。现在堰塘的堤坝是提高了，但是老天不下雨，堤坝再高顶什么用。我们每年都在申请修泵站，其他小组也在申请，然而政府并没有什么回应。这几年花村作为美丽乡村建设示范点，大项目来的也不少，不知道为什么就是不能解决这几个泵站维修的问题。经济学家，你这么聪明，能帮忙解决这个问题吗？

聪明的经济学家突然从太师椅上坐起来，两眼放光。简单啊，把泵站卖给私人，卖卖卖，只要产权一明晰，问题自然就解决了！

武哥一听，笑出了猪叫声，差点从小凳子上翻下来。

生两儿子哭一场，六个儿子呢？

成家立业，似乎在哪个年代都不是一件容易的事情。在当前中国的一些农村，尤其是华北农村，近年来由于彩礼暴涨，导致很多家庭"因婚负债"甚至"因婚致贫"，一家老小辛苦打工多年，结果因为一场婚礼"直接回到解放前"。难怪有些农民夫妻听到第二胎生的又是儿子，只能抱头痛哭，抱怨命运的不公。那么，你有没有想过，老一辈"爱子如财"，生了一个又一个的儿子，这些儿子的人生大事是如何解决的呢？老唐一家共有六个兄弟，听听他的故事吧。

难以名状的生命力

老唐马上就是奔六的人了，脸上却始终带着黝黑透红的光泽，洪亮的嗓门加上爽朗的笑声，就像被午后阳光暴晒过的黑泥土，散发着一种难以名状的生命力。这种生命力或许就来自他老爹老妈接二连三给他制造了四个哥哥和一个弟弟，没有姐妹。在当年一穷二白的家庭和社会中，六兄弟要想活下来并顺利成家立业，除了旺盛的生命力，也没有太多可用的资源。如果你有幸见过老唐几兄弟，很容易对他们一个模板似的嗓门和笑声留下深刻印象。

20世纪70年代末期，老唐初中毕业后就到生产队打米。除了打米，他在生产队的另外一项工作是照顾猪场里的猪，这个工作前后干了三四年。老唐记得很清楚，当年每个生产队都有猪场，每个猪场都养了四五十头大猪。这些猪属于集体的资产，逢年过节就杀了分给本队的农民吃。由于城市没有对农民开放，大家都在村里干活，至于干什么活，由生产大队和生产队的领导统一安排。别看老唐所在的生产队才100多人口，配备的干部也有六七个。农民有的专门种田，有的专门开机械，有的专门搞技术，有的专门搞水利，有的则专门记工分，等等，分工很细密。老唐就专门打米和喂猪，有时间还可以打点豆腐去卖。

集体时代的花村，没什么工业，大家都是种粮食作物，花生都种得很少。当时种田有一个好，那就是农田水利特别便利，生产队统一放水，每块田都能给你灌满。水利是农业的命脉，管水利的人就很重要，是这条命脉的守护者。每个生产队都有两三个得力的管水员，在大队层面还组建了专门的护渠队，每天下到田里巡渠补漏洞。回想起那个年代的故事，老唐仿佛又看到当年热火朝天抓革命、促生产的场景，甚至能恍惚闻到那些嗷嗷叫的大猪所散发出来的特殊味道。

倒插门这件事

然后就分田到户了。

20世纪80年代中期，老唐也到了该谈婚论嫁的年龄了。他的哥哥们也同样如此。那阵子，大概是老唐家最忧愁的一段时间。怎么解决六个儿子的人生大事，老爹老妈也是操碎了心。虽然说那个年代的彩礼远远低于现在，但是就像城市房子的价格一样，它在哪个年代对于平头老百姓来说都是个不小的负担。就算解决了彩礼，那么怎么解决住房的问题？六个兄弟各娶一个老婆，加起来12口人，即使一对夫妻只生一个娃，那也得有18口人，再加上老爹老妈，20口人挤在两三间小房子里恐怕不太合适吧。就算兄弟们没意见，外面的姑娘一听说这么个大场面估计也只能笑着说两个字：再见！

建房子吧，也是个办法，只可惜借不到这么多钱。

思来想去，也就只剩两条路可以选择：要么男到女家倒插门，要么光着。从人口繁衍和养老有保障的角度来看，前者似乎更好，虽然没有直接娶个媳妇进门来得好。但是在花村，倒插门也不是个案，兄弟多的、家里穷的，不少都采取了这个方案，不算是丢脸的事情。你要是在福建和广东的农村，压力就有点大了。"封建余毒啊！"老唐为生活在福建广东的男同胞感到愤愤不平。

和哥哥同一天结婚

作为六兄弟之首，老大自然要承担起"自我牺牲"的责任，因此到了年龄就到隔壁村倒插门了。后来发现，单单靠老大一人倒插门远不能解决所有的问题。在这种情况下，老唐也主动挑起了责任，只要能成家就行，到女方家落户不成问题。最后老唐找到了他的小学女同学，对方听说老唐愿意倒插门，没怎么犹豫就同意了。因为女同学家是三姐妹，老唐愿意入赘，承担女方父母将来养老的责任，自然是再好不过的事。

说到自己的婚事，老唐颇有一种蓦然回首、沧海桑田的达观心态。他想起，当年可真是穷苦啊，为了节约开支，他的婚礼是和四哥同一天举办的。当然，四哥是名正言顺娶了媳妇，老唐另外的几个兄弟也是，除了他和老大。结婚那一年是1984年，田地都已经分到户了，大家伙种田的积极性高涨，起早贪黑的，仿佛那几块土地里面种的是黄澄澄的金子。老唐说，当时之所以跟四哥同一天结婚，除了省钱，也考虑到省事。不能老因为结婚耽误了农活，毕竟是六个弟兄，要像现在这么折腾地结婚，那得耗多大的精力。

媳妇是花村的人，只是不在同一小组。结婚后，老唐就搬到媳妇家里生活，用心撑起一个小家庭。这个小家庭除了新婚的小两口，还有媳妇的老爹老妈，总共四口人。为了显示自己完全不是吃软饭的男人，老唐结婚第二天就下田干起了农活。他们家分到了20多亩水田，老唐还嫌不够，看到有些人家不愿意种的田，就陆陆续续捡来种，最后老唐总共种了35亩水田。旱地呢就很少，整个小组也就100多亩，老唐家分到了4亩。

一家四口人，种35亩水田和4亩旱地，虽然老唐血气方刚，仿佛有用不完的精力，依然熬不过农时。比如说，插秧必须半个月内插完，过了时节就不行了。因此，每到插秧时节，老唐就跑回自己的"娘家"，动员兄弟嫂子和各方亲戚一起来帮忙，毕竟他们种的田少一些。稻谷收割的时候，挑谷子也需要找兄弟们帮忙。这个时候，兄弟多的优势就体现出来了。

为人父母

20 世纪 90 年代初期，老唐发现陆陆续续有河南老乡来包地种西瓜。"河南人真的很聪明啊"，老唐感慨。在他们还老实巴交种水稻小麦的时候，河南老乡已经到处发展西瓜种植产业，效益相当不错。后来，花镇的领导看到西瓜产业的商机，就在全镇发起西瓜总动员，号召所有乡村组干部带动农民种植西瓜，带领农民到外省开拓西瓜市场。

老唐有点心动，但是又害怕上当亏本。于是就种了几亩的西瓜试试看。最初几年，种西瓜是挺简单的，只要把种子埋在土地里，稍加管理就可以等待收获了。种了几年就不行了，可能是病菌或土壤的缘故，种子一发芽不久就枯萎了。为了解决这个问题，花镇派了一些技术员到村里搞培训，把西瓜苗嫁接到南瓜苗上，西瓜就能健康成长了。新的问题是，嫁接在南瓜苗上的西瓜，叶子和藤蔓长势惊人，导致 1 亩地能种的西瓜数量大大减少。

由于花村的土地多，加上原来种西瓜和粮食作物收入都不错，每家每户的年收入能够达到七八万元乃至 10 多万元，因此花村的农民外出务工的时间比较晚。也就是最近四五年，因为西瓜收入不太稳定了，年轻人才陆陆续续到外地打工。老唐的儿子儿媳 30 多岁，之前一直在村里待着。儿子呢，喜欢钓鱼，虽然偶尔帮老唐干点农活，但是多数时间都跑到河边钓鱼。儿媳妇是不下田的，就像花村其他的年轻媳妇一样。她的主要任务是帮家里做做饭，带带小孩。靠着老唐两口子的辛勤务农，30多亩的田地居然也能支撑起这么一家子的生活。

最近几年，一方面西瓜的市场不太好，另一方面小孩长大了，老唐的儿子儿媳开始感受到为人父母的压力。为了到县里买套房子，方便小孩将来读书，儿子儿媳开始外出打工，主要是到外地修路。

30多亩的田地能支撑老唐一家子的生活，但是却支撑不起小孙子的教育成本。是土地太少了，还是教育成本太高了呢？

80后女孩，外出打工被抢劫，被逼婚……

生活在农村的女孩，改变自己生命轨迹的契机并不算太多。读书考学是一个契机，外出打工也算一个，结婚和生子可能也是。80后的农村女孩，很多都没能通过教育离开农村，而技能水平不高的她们，即使在城市的工厂中拼命干活，也很难在城市中找到一片属于自己的云彩。爸妈的电话催个不停，她们纵然不情愿，还是得回老家相亲，结婚。也许结婚生子并不是改变的契机，只是某种生活的轮回而已。

作为80后农村女孩，叶子还是习惯化个淡妆再出门。在花村，跟她年纪差不多的女孩都一样，从小就很少到田里干活，长大结婚后就更不愿意去伺候那些庄稼了。她们要么到工厂做工，要么在企业做文员，有条件的也做些生意。

抢劫

有时候回想起当年在珠三角打工的日子，叶子都有一种恍如隔世的感觉，仿佛那几年的生活没有在自己的身上烙下岁月的痕迹一般。2005年，叶子刚读完中专就到广东的惠州打工。那几年村里刚刚流行外出打工，很多同龄的女孩都心怀梦想，踏上了南方这片热土。叶子的老家是离花镇不远的另外一个乡镇，因为有熟人介绍，她就到花县的劳动局报到，交了就业介绍费之后就跟着领队的人，千里迢迢来到了惠州。

叶子还记得，当时一起坐大巴南下的总共有二十多人，大多是20岁上下的女孩，只有少数几个男孩。有一天夜里，大巴摇摇晃晃开到了长沙地头，几个混混把车拦了下来，然后就上来抢劫财物。叶子第一次出远门就遇到这种事情，吓得直哆嗦。还好混混们抢了些财物之后就下车扬长而去了，也没有伤害叶子和她的同伴们。大巴司机倒是很镇定，估计是已经习惯了。混混下车后，司机安慰了一下大家，然后继续上路。

大巴先开到深圳，放了一拨人下来，然后载着剩下的人继续开往惠州。叶子在惠州打工，待了一年多。打工的厂是外国人开的，工作强度大得很，一天至少要干12小时，白天见不到太阳，晚上见不到月亮，而且周末也不能休息，每个月的工资和补贴加起来才1000多。这简直不是人过的日子，刚刚离开学校的女孩子，哪有几个扛得住的。没几个月的时间，当时一同进厂的姐妹们，几乎都辞职了。"真是太累了"，叶子每每想起当年做工的情景，真不知道自己是怎么能熬到一年多的。

后来实在是坚持不住了，叶子跟在东莞打工的姐姐打听，那边的工厂会不会轻松一点。姐姐是老家那边最早外出打工的一批，在东莞已经待了几年。听到叶子描述的惨状，姐姐也觉得太苦了，劝她赶紧辞职来东莞。到东莞后，姐姐介绍叶子去她一个朋友的工厂做工。这是个本地企业，主要做一些鼠标配件，相比

于惠州的经历，这里的工作倒是清闲，每天工作时间不超过 10
小时，周末还有一天的休息时间。但是工厂的效益并不好，不加
班工资也不咋地，还赶不上惠州。有得有失吧，叶子安慰自己，
虽然心里还是想着多赚点钱，好跟爸妈有个交代。

在惠州做工，根本没有时间出来玩，自然也认识不了几个朋
友。厂里的同事也都是女孩子，叶子完全没有谈恋爱的机会。即
使到了东莞，工作清闲了，也有时间出去逛，但是心里还是害怕
接触外地的男孩子。就这样一晃两年，叶子依然是单身一人。

逼婚

2006 年的春节就快到了，叶子本来并没有打算回家过年。但
是在跟妈妈打电话的时候，妈妈反复催促叶子赶紧回家相亲。在
叶子的玩伴中，虽然很多都外出做工，但是几乎所有女孩最终都
在父母的要求下回家结婚。在东莞的时候，叶子还没有手机，跟
爸妈联系只能通过公共电话。通了几次电话之后，叶子有点伤感
地意识到，一个时代大概就这样结束了。

奉爸妈之命，叶子辞去了工作，在春节前回了老家，开始了
一年多的相亲生活。那个年代的农村女孩，面对婚姻大事，大概
还是听爸妈的主意。叶子也不想反抗，虽然内心并不想这么早结
婚。"哪里早了？你看看隔壁那几个丫头，哪个不是 20 岁前后就
嫁人了！你都已经 24 岁了，爸妈都觉得抬不起头啊"。每次听妈
妈讲这番话，叶子心里都有点烦，谁规定 20 岁就要结婚啦，我
不结婚，你们凭啥就抬不起头了。

　　烦归烦，只要是媒人帮忙介绍的对象，叶子还是耐心地去见上一面。有一些男孩，见一次面就不想见第二次。有一些感觉还不错，见了几次还是感觉不合拍。就这样一晃又是一年多，爸妈焦虑得不行。这老是安定不下来，别人还以为女儿有什么问题呢。焦虑！

　　叶子还是不紧不慢地挑着对象，最后总算相中了一个比较心仪的男生，是隔壁镇花村的人家。最开始的时候，叶子和男生一起到媒人家里见了个面，双方都觉得看对眼，就自己联系了。那个时候，年轻人一般都开始用手机了，联系起来方便很多。交往了一个多月，叶子觉得男生还不错，双方正式确定了关系。接下来就进入"走破"的程序，也就是男女双方见家长。先是男生到叶子家里见父母，然后男生再把叶子带到家里见父母。双方父母都很满意，尤其是叶子爸妈，总算有了个盼头。

　　见了父母，叶子和男生继续交往了一段时间，感觉是可以托付的人。于是就进入"插门户"的程序，也就是订婚。媒人带着男生和他的父母，到叶子家里商量结婚的条件，主要涉及礼金、结婚时间、派多少车来迎娶等事宜。那个时候，礼金的"市场价"是5万元。当然，如果家里有两个儿子，女方一般会要求涨个几万元。因为两兄弟结婚后是要分家的，大家都想趁机向父母多要些钱。

　　为了避免尴尬，关于礼金的数量，一般都是通过媒人事先打探清楚，然后男方再带着现金到女方家里。之所以要提现金，主要是让女方的亲戚一起见证，这女儿出嫁是明明白白要了礼金的，没有让男方占了便宜。订婚之后，如果女方反悔了，退回礼金即可。男生一般不会主动反悔的，毕竟找个媳妇不容易。

给了礼金之后，什么金银首饰啊，婚纱照啊，就不要男方另外掏钱了。那个年代还不流行买车买房，农村的房子在当时也不差。大概从2015年开始，小年轻们结婚就要房子和车子了。

结婚的时候，新郎租了6辆小车来迎娶叶子。请了婚庆公司，还请了礼炮，煞是热闹。不过礼炮也就流行了几年，现在已经没人请了。到了新郎家，开始举行结婚典礼，请客吃饭，要吃三顿。叶子记得，当时应该请了十几桌客人。叶子娘家也要请客，也是三顿，分别是出嫁前一天中午、晚上和出嫁当天早上，新娘要在早上出发。新郎家则是接亲前一天晚上、接亲当天早上和中午。客人吃了饭，自然要随份子，邻居200元，朋友500元，亲戚1000元以上。这些份子钱一般都是父母拿着，主要用来办酒席，份子钱一般能够抵酒席成本，有时候还能剩一些。跟其他农村不一样，当地结婚办酒，并不需要主家去邀请客人，那些有人情往来的人自己就会过来，这毕竟是个熟人社会，谁家要结婚，消息很容易就传开了。那些没有人情往来的人家，就不需要来吃饭随份子了，即使是同一个自然村的邻居。

礼金

叶子感叹，现在男生结婚是越来越不容易了，父母的压力大得很。叶子在花村的一个亲戚，家里有两个儿子。老大是2013年结婚，女方要了12万元的礼金，就因为家里还有一个弟弟。如果只有他一个，当时的礼金市场价也就七八万元。今年老二准备结婚，女方提出要 22 万元的礼金，里面包括了在县城买房的首付。另外还要支付 3 万元的三金费用。男生的父母非常恼火，因为去年已经给了老二 10 万元，本来就是给他们到县城买房子的，结果不仅没有买，而且钱也没有退给老人。这两年，如果家里只有一个儿子，礼金的市场价是 10 万元左右，但是一般会要求到县城买房，至少支付 10 多万元的首付款。

大儿媳为了这些事，跟公婆发了几次脾气，凭什么老二的礼金比她当年高那么多，家里供老二读大学，本来就占了够多的资源，现在居然还狮子大开口。大儿媳愈发觉得自己当时应该要更多的礼金才是。为了平息大儿媳的怒气，稳定家庭关系，老两口咬咬牙承诺，到时你们在县城买房子，我们帮忙付首付。老人家就是普通的农民，一时半会哪里拿得出钱，只能到处找亲戚借。怪不得有人说，生两个儿子哭一场。

现在，农村男孩女孩的性别比不太正常，男孩比女孩要多。再加上不少女孩外出打工之后就嫁到外地了，因此村里的男孩想找本地的女孩结婚，似乎越来越难了。这也是这几年很多地方彩礼高涨的原因。在花村，新一代的夫妻都不太想生二胎，生个女儿反而觉得高兴。听说政府也想解决这个性别比失衡的问题，要求村里仔细做一件事情：如果本村的女孩嫁到本省的其他城市，但是户口还留在村里，生了小孩如果是女娃，尤其是二胎，要积极动员女孩家人把小孩的信息先报到村里。这样可以提升本地女孩的性别比。

结婚生娃之后，叶子基本就待在家里带娃，一直到娃上小学。后来，叶子在本地找了一个颇为清闲的文职工作，平时也不耽误接送小孩。

时间啊过得真快，就像那躲在墙角里的一只小黑狗，总是突然窜出来吓你一跳。当年坐着大巴、遭遇抢劫，在遥远的南方工厂里辛苦做工、偶尔会天真地幻想未来的小女孩，现在也已经回了村、成了家、当了小娃的妈。

未来会怎么样呢？叶子微笑着望向远方，她也不清楚。现在，孩子和家庭是她的一切，关于自己，似乎没有想太多。

为什么不要轻易去当农民？

抱着大西瓜哭泣

现在，为什么不要轻易去当农民？简单来说，辛苦起来要掉几层皮，市场行情不好的时候，你只想抱着翠绿的大西瓜默默哭泣；自由起来又可以把你爽翻，在这片土地上，除了老天，你几乎就是自己的老板，想种什么瓜就种什么瓜，想几点下班就几点下班。

这两点一结合起来，就显得别有味道了。当你被太阳晒得发黑，被市场拍得发绿的时候，你恨不得立马洗脚上楼，进城务工。当你倚在庭院的小靠背椅上，看着红彤彤的晚霞与绿油油的稻叶交相辉映，吧唧着刚从冰箱里拿出来的小啤酒，听着隔壁老王在工厂里被小小主管呼来喝去的故事，你又感觉到一种莫名的舒坦。

不要轻易去当农民，其实主要就是为了避免这种朝三暮四的心理纠缠。这一点，花镇的农经站长凯哥颇有感触。

他能想起最激情澎湃的日子，就是20世纪90年代乡村干部一起到外地开拓西瓜市场的时候。当年，乡村干部每三四个人组个团，带着几打名片，主要是到南方各大市场推广。凯哥还记得，和他一起去的有村书记和驻村干部，到了广东珠三角某市，就跟市场里的瓜商展开对接。大家的推广确实有助于花镇西瓜打开市场，陆陆续续就有瓜商来到花镇看瓜买瓜。

开始农民还犹犹豫豫，害怕上了政府的当，种了西瓜卖不出去。再加上当时的农业税费负担又重，种田当农民是一件吃力不讨好的事，已经有不少人开始弃田外出。那个时候，凯哥已经在农经站上班，主要就是管理农民负担，管理土地承包合同，管理农村财务。管理农民负担是什么工作呢？无非是管理那些向农民乱收费、乱摊派的政府行为。

当年，1亩耕地的税费负担达到200多元，特别是2000年前后尤其严重。农民种田几乎就是亏本，由此也造成很多的干群冲突。为什么县乡政府那么痴迷于收取农业税费呢？因为整个地方政府的运作主要就是依靠农业税费。你比如说三提五统的收入，就是在县乡村之间分配，而且乡镇分配的比重较高。而特产税更受乡镇欢迎，因为它只在乡村两级分配，这也是花镇愿意下血本推广西瓜种植的根本原因。当时，西瓜的特产税是每亩25元，虽然花镇只收了两年，就已经攒够了给乡镇政府修一栋办公楼的资金。

补贴来了

那些胆子比较肥的，以及胆子不肥但是被政府摁着种瓜的村干部（花镇对各村的种瓜面积是有要求的），开始了他们的西瓜大冒险。结果，市场一片红火，种瓜户赚了大钱，把更多的耕地用于种瓜。那些胆小的农民开始后悔，揉了揉微微泛红的双眼，也悄悄跟着种起了西瓜。

收入好了，农民交三提五统也变得积极了，也没有心情外出打工了。特别是农业税费取消之后，再加上农业补贴越来越多，农民突然觉得，家里有一二十亩地可以种，真是够幸福的。

说起农业补贴，凯哥也露出欣喜的表情。具体来说，农业补贴主要包括农作物良种补贴、种粮农民直接补贴和农资综合补贴三项。2016年，在总结地方试点经验的基础上，中央将"三项补贴"合并为耕地地力保护补贴。2020年，中央财政通过农业生产发展资金安排耕地地力保护补贴资金约1205亿元。具体到花镇，每亩耕地的地力保护补贴为96元。除此之外，由于身处稻谷主产省份，花镇还享受稻谷种植者补贴，每亩水稻补贴53元；省里还给棉花种植者补贴，每亩是160多元。

地力补贴，只要你家里的耕地是有承包合同的就可以发放，不管上面种的是什么植物。开荒地呢，如果你想要领取地力补贴，就必须跟村集体签订承包合同，每亩每年交个一两百块钱的承包费用。很多农民当然选择不签承包合同，毕竟承包费用高于地力补贴；但是如果你在开荒地上种水稻尤其是棉花，那补贴加起来还是可观的，因此也有农民衡量之后决定跟村集体签承包合同。

农民一般怎么安排种植结构呢？凯哥竖起了右手食指，表示他接下来要讲出一些颇为重要的话。在前些年西瓜行情好的时候，大部分农民的大部分耕地都是种西瓜，留少量水田种稻谷给自己吃。这种情况下，农民主要能拿到地力补贴（三项补贴），那个时候还没有棉花补贴。假设老王一家有20亩地，这在花镇也挺常见的，那么他一年可以拿到不少于1800元的农业补贴。

在花镇，棉花一直是跟着西瓜套种，就像青梅和竹马永不分离。然而，青梅竹马并不是平等的，棉花向来都是依附性的，农民是为了种西瓜才顺便套种棉花。因此，西瓜种植面积的大小直接决定了棉花种植面积的大小，即使在实行了棉花补贴之后也是如此。在农民看来，西瓜套种棉花的好处是，棉花的收入承担了两者的种植成本，西瓜的收入就是纯赚。

玩的就是心跳？

随着西瓜市场变得不景气，以及2017年开始发放棉花补贴，2018年开始发放水稻补贴，农民种植结构发生了根本性的变化。从全镇来看，西瓜种植面积从高峰期的10万亩降到现在的5万亩，如果不是棉花有不错的补贴，估计西瓜面积还要更少一些。另外，水稻种植面积从原来在西瓜的压制下几乎没有任何存在感，到现在已经能够跟西瓜平起平坐了。与此同时，也有不少农民开始种起了其他水果，比如桃子、李子之类的。

因此，现在老王的20亩耕地上，大概会有7、8亩西瓜套种棉花，7、8亩水稻，还有几亩种点其他水果。这样算起来，老王每年可以拿1200多元棉花补贴，400多元的水稻补贴，外加1800多元的地力补贴，合计有3400多元的农业补贴。

　　这些补贴说多不多，说少不少，农民表面上显得很无所谓，内心里却欢喜得很。想一想当年苦哈哈地缴纳农业税费，现在不用交了，反而有几千块钱的补贴发到手里。这种心情就像以前你每天早上要请隔壁老王吃热干面，现在他突然宣布你不用再请了，而且从今天开始每天早上他请你吃热干面加豆浆。

　　当然，补贴说到底还是生活的辅料，热干面吃久了也就不新鲜了。真正刺激农民的还是每年精心种养的收入。在花镇，种一半的稻谷，可以维持稳定；另一半的经济作物，则是用来跟市场赌博的，有可能大赚，也有可能大亏，在这里玩的就是心跳。大体来说，农民为了保险，也不会把所有鸡蛋都放在一个篮子里，避免在一棵树上吊死。他们一般都是多种经营，各种农作物都种一些，有本事的再搞点农机服务、代办服务，没本事的也可以打打零工。

第 二 章

机师联盟

机师联盟有点酷

机械化是农业发展的重要基础。通过组建农机合作社，将几个村庄范围内的机械和机师组织起来，能够为当地农民提供更为便捷、成本更低的农业生产服务，从而将更多的劳动力解放出来。这些被机械化释放出来的劳动力，能够在广大的市场中创造出更大的价值，从而有可能触碰到更为美好的生活。

江湖的传说

40出头的二哥之所以被叫做二哥，并不是因为他在兄弟姊妹中排行老二，更不是因为他比较二。要说起来，这里面还有一段隐藏于乡村江湖的传说，不过因为跟今天的主题不太搭，我们就简要提几句，其他故事则按下不表。

话说20世纪90年代中期二哥初中刚毕业，有一天跟几个小伙伴在草地上玩得不亦乐乎，突然来了一个大混混。大混混在花村颇具知名度，打过人，坐过牢，发起狠来连亲爹都打。这大混混一摇一摆地走到二哥和他的小伙伴中间，二话没说，抡起老拳挨个把小伙伴们都揍了一顿。

小伙伴们在地上哭天抢地，唯独二哥站着不动。不是二哥能打，而是大混混根本没打二哥。为什么呢？因为二哥家里有一个叔父，比大混混还混，犯的事更大，坐的牢更多，而且跟花县的黑道老大有着某种关系。总之，大混混不敢得罪二哥的叔父。

从此以后，二哥的名号就这么叫起来了，虽然二哥并不涉足江湖。

建房与货车

初中毕业之后，二哥跟其他小伙伴一样，都留在家里种田。当时并没有外出打工的风气，毕业后继承父业，在家种田几乎是一个传统。但是二哥不想年纪轻轻就在农田里安度一生，他觉得自己可以玩点别的，比如买个货车跑跑运输。那些年，村里因为种植西瓜，农民的钱袋子慢慢鼓了起来，于是就想着把老房子给翻新一下。

"不然那些钱也用不出去啊"，二哥严肃的脸庞微微流露出一丝喜悦。

既然要建房，自然少不了砖头、沙子、红土等建筑材料。就这样，二哥的货车派上了用场。只要村里有人要建房，二哥就会用他的货车提供温馨服务。当然，温馨服务也是要收费的。农民当时住的房子，基本上都是 20 世纪 80 年代中期修建起来的，以平房居多，也有几户条件好的盖了两层。

20 世纪 90 年代中后期，陆陆续续就有人家翻新老房，花个10 万块钱把原来的平房改建为二层楼房。这波房屋翻建到 2006

年前后达到了高潮，整个花村 90% 以上的人家都重新盖了房子。二哥毕竟是二哥，那几年的生活有货车相伴，随着整个村子的翻新，二哥也赚了钱，娶了媳妇，生了娃。

随着建房高潮的消退，二哥的货车也就完成了它的使命。2010 年前后，二哥不再开货车，终于回归了种田的祖业。

机师的血

但是，开过货车的二哥始终觉得自己的身体里流淌的是机师的血。所以，种了几年的田，二哥就和花村原来的一个老村长和一个老组长商议，组建了机师联盟，成立农机专业合作社，让周边有农业机械的农户加入进来，一起开车一起提供服务。这个合作社，是花村及周边区域成立的第一家农机合作社。合伙人老村长很有头脑，做过电工，在村里开了一个修车店。合伙人老组长是二哥的亲戚。

三个合伙人各出了 5 万块钱，为合作社买了插秧机。他们的服务范围除了花村之外，还辐射到周边的几个村子。搞起来之后，效益还不错，单单机插秧这一项，一年的收入可以达到 15 万元。合作社的服务方式是为农户提供种子育秧，整田，然后插秧。如果农户自己整田，合作社的收费是 1 亩 300 元，如果合作社连带着整田，则另外加收 100 元。去年，合作社搞了 1500 亩的机插秧，前后只用了一个月的时间。

"农民还是不会算细账啊"，二哥严肃的脸庞透露着一丝不屑，"竟然有些农民认为请人工比机器划算！"（武哥）现在，你请人工插秧，一天要 150—180 元的费用，而且只能插 8 分田。请的工人呢，基本上都是 60 岁左右的，再过十年你还能找到人工吗？如果你用机械，1 亩田那还不是分分钟就能搞定的事。

就像当年等着建房高潮的来临，二哥相信过几年机械化的高潮也会到来，他愿意等。虽然现在还有一半左右的水稻田是用人工插秧。让二哥有这个底气的缘由，一是机师对机械近乎痴情的爱，二是花县政府前几年还在他们的合作社开了现场会，说要推广机插秧。政府都这么说了，那还能有错。

这叫做商机

二哥的一个理想是通过机师联盟，推动当地的水稻全程机械化。目前，收割已经做到了百分百机械化。整地也已经全部机械化了，家家户户都有拖拉机，你只要加挂一个旋耕机就可以开启机师整田的模式。另外，如果你觉得仅仅是整田还不够味，那就同时加挂一个施肥机，立马就可以开启整田＋施肥的高级机师模式。

说到打药，二哥严肃的脸庞透露出一丝期许。他们的合作社已经购买了无人机，可以用无人机来打药。但是目前无人机还难以推广，主要的原因是地块太细碎了，机师刚把无人机升上去，还没开始飞就把药撒到别人家的田里了，农户自然是不乐意的。在水稻种植程序中，目前只有机插秧还不够普及，在二哥眼里，这就叫做商机。

除了水稻，二哥还希望其他作物的生产也能够全程机械化。

比如小麦的机械化程度也很高，但是播种还是人工多。玉米也是如此，播种还靠人工。至于花生、棉花、红薯，机械化的道路似乎还要漫长一些。

如果有机师联盟的加持，一个农民可以种几亩水稻呢？二哥的答案是500亩。如果500亩连成一片，那就再好不过了。超过500亩会有什么问题？主要是管理成本急剧增加，消解了种田的利润。根据这几年种田的经验，二哥发现一季水稻一季小麦，1亩田一年至少可以纯赚1000元，那500亩的收入就相当可观了，当然规模大了人工成本也就高了。

适度规模

二哥的机师联盟也很想租些田来种，他希望能实践一下他关于适度规模经营的设想。去年，合作社在花村租了200多亩地种水稻，全程机械化，效果是很理想的。合作社租地，1亩租金半年就要330元，再扣除人工成本，去年合作社种的这200多亩地就搞到10万元的纯收入，而且只是一季水稻。到了下半年，村里就把地拿回去了，不再租给合作社。要是没有政府和村干部动员，你想找农户长期租地真的很麻烦，他们更愿意把地给亲戚朋友种，甚至是零租金也愿意。

二哥计算过，在机师联盟的加持下，一个农民可以种500亩水稻，而他们合作社最多则可以种800亩，再多也不行了。他看过不少实际的案例，并总结出这么个规律：种田大户，甭管你是一个人还是几个人，只要种植面积超过1000亩，一般都是亏钱。

二哥没有学过农业经济管理，他只是个喜欢开车的机师，但是他对农业的感觉比很多高端的大学教授要敏锐得多。道理很简单，亏了本是农民遭殃，大学教授永远都不会因为劝导大规模种田而遭殃。

作为机师，二哥也算是走了很多地方，接触过不少的种田大户。他的机师联盟主要就是接的大户们的大单。他发现，那些种植规模超过 1000 亩地的，必然要请大量的农业工，但是这些农业工的管理很不简单，即使偷工减料你也很难发现。亏了几年，最后没办法，很多大户就把地块重新包给几个农户家庭去种，大户直接收取租金了事。

二哥的机师联盟吸引了很多农户加盟，只要有空都来合作社开车。机师们虽然干的是农业的活，但是一点都不觉得没面子，反而对生活有了某种意义上的操控感，就像他们能够操控机械一般。因此，小组里的一些 80 后小男生，也愿意留在村里开车务农，没有人觉得他们非得外出务工不可。

打工还是务农？

跟其他中西部农村很不一样，花村最早外出务工以及外出务工涉及面最广的是中老年人，尤其是中年妇女。你比如说 50 多岁的妇女，很多都在温州做家政服务，她们也就是五六年前才出去的。做家政服务，一年可以赚六七万，一般都是两口子都去，男的可以当保安，开车，搞搬运。

40 岁左右的年轻人，则基本上都在村里，他们是最壮的劳动力，刚好可以干农活，加上有 60 多岁的老人的协助，他们在村里的收入也有七八万。如果你愿意扩大种植规模，尤其是种些经济作物，一年纯收入超过 15 万元并不是很难的事情。

可见，在花村，很多人外出务工并不是因为年纪轻，而是因为年纪大了，干农活没那么得力。加上有机师联盟的助力，很多家庭劳动力都可以被释放出来。40 多岁的人能开机械，有学习能力，有扩大种植面积的雄心，他们留在村里务农反而是一个好的选择。

"钱又不少赚，干活又自由，还可以一起开车，这种日子有什么不好"，二哥严肃的脸庞透露出一丝傲娇。

再说了，年轻人在村里开车务农，不仅有收入，有自由，还有大把的机会来为人民服务。这不，二哥去年就当上了小组长，就跟老涂和强子一样。

如何成为机师联盟盟主?

很多村组干部都是农业机械手，他们一边开车，一边当着村组干部，跟群众保持着紧密的联系。农机手因为经常跟农民打交道，很容易在生产生活上形成信任与合作关系，因此在村组干部竞选时，这些农机手就很容易被推选出来。特别是随着打工经济的兴起，大量劳动力外流，在村农民对农业机械化的需求愈发强烈，农机手因此成为乡村治理的一股中坚力量。

从林场返回花村

老大马上就 60 岁了，温和的脸庞透露着一种精明。就像那些在江湖中闯荡多年并且取得名望的成功人士一样，老大说话慢条斯理，却干净利落。

1977 年，老大初中毕业。当时，每个生产大队都要成立工作专班，由政府统筹安排在各地开展建设。花村生产大队也抽调人马，组成了一个工作专班，多的时候有 30 多人。这个工作专班常年在外施工，有时候修水利，有时候搞农田基本建设，有时候搞荒山治理。老大毕业后就被选进了工作专班，第一年跟着大家一起搞水利工程，修渠道，最主要的一项工程是从花河水库修一条渠道直通牛村。在工作专班的时候，基本上是常年在外，只有节假日可以回家。

第二年，老大被抽调到大花林场。大花林场归属于本公社，是1974年成立的集体林场，面积接近1.5万亩，最高的山海拔也只有70多米。林场处于三个村子中间，以前这些林地基本上分属于这三个村，政府为了成立林场，把这些林地都划归给林场统一管理。分田到户之后，林场开始招募林业工人，在林场干活的人最多的时候有120多人，干的活主要是开山植树。早期，开山植树主要提倡社会效益和生态效益，到了1993年，林业部在北京召开全国林业厅（局）长会议，提出在建立社会主义市场经济的新形势下，林业工作要做到该放的真正放开，该抓的继续抓紧，该管的坚持管好，要更多地增资源、增活力、增效益，更快地绿起来、活起来、富起来。此后，大花林场开始可以砍伐，并且大量种植经济林。除了林业，林场里还开辟了少部分的农田，确保工作人员能自给自足。

1979年，老大被选为林业技术员，后来担任林场的会计和副场长。到1993年，因为工作能力突出，老大正式出任林场场长。林场的领导班子有10多人，在行政体制上跟生产大队一个级别。

从副村长到厂长

1996年，老大被调回花村担任副村长，说起来还是他的同学老书记把他要回来的，让他负责农业生产，引导农民种水稻、种西瓜。那个时候的班子成员比较多，有书记、主任、副书记、会计、出纳、几个副主任、民兵连长和妇女主任。为了把工作开展好，老大每个季度都要检查农业种植情况。当时，村里的西瓜种的还不多，主要是因为销售不太稳定。

后来花镇领导要求花村的班子减员，因为按规定已经超编了。这个时候，老大就主动退了出来。脑子灵活的他，看中了采砂的行当，花了1万多买了采砂船，开始专心致志地挖掘花河里的沙子。那些年份，政府已经开始大搞基本建设，水库啊，农场啊，修公路啊，都对黄沙有很大的需求量。而且当时又没有多少外地的车辆进来，花河的黄沙也不少。就这样搞了一年，老大赚了2万元。不过第二年他就把船卖掉了，主要是因为从外头运来的黄沙越来越多，本地采砂的效益已经不好了。

卖掉采砂船之后，也就是1997年，老大看中了农机维修的行当。当时花村至少有30%的农户已经买了小型手扶拖拉机，代替牛来整田。拖拉机总是要坏的，就像人总是要生病的，因此老大没有犹豫很快开了一家农机维修厂，就在花村。到2003年左右，农民开始更换大型拖拉机，基本都是404以上的。而在那个时候花县县城竟然都没有修拖拉机的，其他地方的农民还要开到老大这里维修。到了2020年的时候，花村基本上家家户户都有拖拉机，而且很多都有大小两台。花村在整个花镇的机械化程度算是最高的，因为发展得最早，交通条件好，土地也比较平整。

说老大脑子聪明并不是瞎吹，机械维修他之前从来没有学过，都是靠自学成才。他的手下还有几个维修师傅，老大都让他们去考四级维修证，也都考上了。前些年，老大的生意相当火爆，这几年就不行了。为啥呢？并不是因为其他维修店的竞争，老大对自己的手艺还是很自信的，而是因为现在农民换了新的拖拉机，质量都相当好，不容易出毛病，即使出了毛病也有不错的售后维修服务。因此，机师们就犯不着跑他这里来了。

机师联盟的家当

到 2013 年，老大又在机械维修的基础上闯出了一片新天地。那一年，他和另外两个伙伴共同注册了农机合作社。搞机械维修这么多年，老大一直有个信念：机械化一定是未来农业的大趋势。在搞维修的时候，老大就经常跟机师们交流，总是听机师说机械耕地有很大业务量。特别是 2016 年开始就感觉种田大户多了起来。很多种田大户都是租用隔壁劳改农场的土地，这个劳改农场有几个分场，每个分场的土地面积都比花村还要大。劳改农场后来改为监狱，这些年监狱撤走了，土地都包给了周边农户种，租金从 200 元到 400 元不等。监狱农场之前也是用的花河水库的水，只是需要通过泵站来提水。监狱撤走之后，泵站没人管也就报废了，只能种旱作物，比如花生、西瓜、艾草之类的。

老大的农机合作社，一共有 50 多位机师加盟，其中有几个都是小组长，大家有活一起干，合作社也不提成。目前，花县正常营业的农机合作社接近 10 家，最近可能还会增多，因为花县政府要求每个乡镇至少要有两个合作社。其他合作社主要是机师们联合起来种自己的田，而老大的合作社主要是对外提供农机服务。刚成立的时候，农民还不能接受这种组织化的农机服务，不过很快就习惯了。当时合作社的机械主要是拖拉机、收割机、播种机、深松机等。到了 2016 年，三个合伙人开始抱团接大活，别的机师不太愿意一起接大活，因为需要投资增加设备，主要是大型拖拉机。

2018 年，三个合伙人买了两台插秧机，总共花了 30 多万元，也没贷款，都是自己手里的钱。2019 年，又买了一台植保无人机，花了 5 万多元，主要是用来撒药杀虫。无人机一年可以打千把亩，每亩的服务费是 8—10 元。今年，他们又买了自助式打药机，花了 5.4 万元，主要用来除草。这种打药机长得跟拖拉机一样，轮子窄，可以很方便进到田里，撑开可以打 12 米，一个小时可以完成 70 亩田的工作量，而且比人工打药还均匀，服务费是也是每亩 8—10 元。

目前，老大的合作社共有 3 台收割机，1 台铲车，2 台大型拖拉机，1 台大三轮车用来拉营养土，2 台 404 拖拉机，3 台 704 拖拉机，1 台 304 拖拉机，2 台插秧机，1 台打药机，1 台抓稻草的机器，1 台无人机，总共 18 台，扣除政府农技补贴后，成本大概有 100 多万元。

老大的服务

服务范围主要是周边的几个村子，有时候也会跑远一点接大活，比如 2017 年合作社就接了市里的项目。一年下来，合作社的服务面积大概是 1 万亩。在外面的业务，主要是接大户的单子，最少都是 50 亩以上才接，而且都要签订合同。最多的时候接过上千亩的旱地单子和 300 多亩的水田单子。

由于规模相对较大，老大的合作社获得了省里的"提升工程"资助，20 万元左右。当然，省里对项目也有相应的要求，需要配备培训室等基础设施，而且要添加一些设备。另外，合作社有一台车拿到了"深松工程"的支持，最开始的时候给农民耕地，每亩有 40 元的补贴，后来补贴慢慢减少了。那个 300 多亩水田的单子是劳教所的业务，他们自己整田和收割，老大的合作社主要是给他们机插秧，1 亩水稻可以收服务费七八百元。跟武哥的结论不同，老大坚信机插秧的产量更高，每亩得高个 80—100 斤。外面的单子如果太小，老大的合作社是不接的，但是花村的农民只要叫他们，面积再小也要去，毕竟是一个村的。

老大算了一下，认为一个家庭如果有 3 个好劳力，没有机械，最多只能种 30 亩水稻。有了机械服务，上百亩肯定没问题。当然，粮食种多了也有个麻烦事，那就是没地方晾晒。今年花县就提出，新建的合作社应当配备烘干设备，其实说白了就是要有场地和仓库。

如何推广机械化？

为什么水稻种植，特别是机插秧还不能做到百分百呢？老大淡淡地说，无非是水利不方便。如果水利搞好，三五百亩的水田，只要一个人都可以把水看好。过去花村的水田占农田的 70%，现在还不到 30%，一个重要的原因就是水利条件不行。从全省的情况来看，水稻的机械化程度为 68%，小麦 90%，玉米 80% 多。

水稻之所以机械化程度比较低，主要就是机插秧不普及。在花村，机插秧占比不到 60%。那些六七十岁的留守老人，很多从整地到收割都请老大他们提供机械服务。一部分 50 岁左右的农民，他们的水田也是交给老大他们进行机械化操作，农民则集中精力搞旱作物。而那些亲戚家门比较多的，在周边工作有周末休息日的，这些家庭往往就会利用自己闲置的劳动力插秧。这些人比较勤快，自己赚自己劳动力的钱。

至于旱作物呢，比如花生、红薯，因为受当地土壤结构的影响，机械化并不好开展。老大有一次到河南、山东考察，发现当地都是用地膜种植，有利于保持土壤松散，不会板结，因此容易推行机械化。好学的老大，马上跟花县的相关领导汇报此事，看能否推广，政府官员哼了几声，就没了下文。政府不搞，那就自己动手呗，老大准备接下来就在花村实验一下，看看效果如何。

作为机师联盟盟主，老大这几年也算是见多识广，对于如何推广农业机械化，他总结出了一些门道。首先是土地要平整，这是最主要的问题。现在政府的土地整理主要是搞渠道，土地本身却没有平整。老大认为可以利用土地休耕的政策来平整土地，也就是在土地休耕期间进行平整，农民的反对意见就会小一些。其次呢，可以鼓励老百姓把土地流转给合作社统一经营，合作社主要收取农机服务费，粮食还是归农户所有。现在农民不喜欢长期流转，更喜欢私下自由流转，因为这样可以随时把土地拿回来耕作。简言之，农业机械化，一是要土地平整，二是要规模经营。

农业的根本出路在于机械化啊，老大抿了一口茶水，云淡风轻地说道。

小组长，快上拖拉机！

村民小组长，也许是中国最小的一个"官职"，但是在村庄治理中却发挥着关键的作用。说是"官职"，其实并不完全准确，因为在很多农村，小组长就是一个联系人，并没有正式的聘任文书和工资收入，一年只有百来块钱的误工补贴。虽然地位"卑微"，但是离开了小组长，村里的工作就很难开展。一个合格的小组长，往往能够在上传下达、组织村民、维持秩序、引领示范等方面，发挥重要的作用。当然，更多的时候他们都在种田。

老涂才40出头，已经当了几年的小组长。别看他高高瘦瘦，干起农活来绝对是一等一的能手。实际上，老涂的心里只有种田一件事，要不是当年老组长岁数大了上面非让退下来，要不是村民从三个候选人选中了他，老涂真心对"当官"不感兴趣。今天不讲老涂作为小组长的工作经，单说他作为拖拉机机师的硬朗人生。

当家

在中西部农村，这么年轻的小组长，还待在家里种田，而且不傻不残，确实很少见。多数地方，像他这样的男子早就外出打工了。不过在花村，倒是有几个年轻力壮的小组长在家务农，听起来有点不可思议。

"这有什么好奇怪的。家里田多，务农收入一点都不比打工少，人又自由，干嘛非要出去受苦！"老涂乐呵呵地说。花村的村民，一般家里都有二三十亩田地，又种庄稼又种水果，收入还真不差。何况老涂家里还有几台拖拉机，出去帮人播种收割，又是一笔不小的收入。

初中毕业之后，就跟其他小伙伴一样，当年的小涂留在家里种地。但是跟其他小伙伴不一样的是，小涂对种地格外感兴趣，尤其是喜欢开拖拉机。家里有50亩地，其中村里分的承包地是30亩，其他的地则是小涂和他老爹开荒开出来的。

初中毕业两年，小涂感觉自己已经长成一个大男人了。看着老爹种田技艺不精，又苦又累又赚不到钱，心里着实不是滋味。一天晚饭，小涂猛地吧唧了一口啤酒之后，对着老爹说，那啥，从今以后我来当这个家，大小事由我来决定，不出两年一定把这田整出钱出来。老爹以为小涂喝多了，当什么家，连婆娘都还没得！小涂最终还是说服了老爹，估计当晚爷俩没少喝酒。

第二天，老爹交给小涂1000元，放手让他当起了这个家。为了实现在老爹面前许下的诺言，小涂起早贪黑地干活，到处找村里的种田能手请教，什么时节种什么，如何浇地，如何施肥，如何除虫除草，等等。果然，当年小涂就把家里几千元的外债还清了，还剩下5000元。

"其实也没太多秘诀，就是老爹舍不得下肥料，我多下了肥料。"老涂笑呵呵地总结道。

初中毕业第三年，当家第二年，小涂就找了一个婆娘，生了娃。此后，大家都改口叫他老涂，虽然他还是相当的年轻。结婚后，老爹老娘就提出要分家。虽然家里只有小涂一个儿子，但是在花村，很多家庭即使是一个儿子也要分家，因为生活在一起，婆媳难免要闹矛盾，不如趁早分家还可以维持一个和睦的关系。但是小涂不同意，在他看来，这是对父母养育之恩的背叛。随着儿子的长大，小涂也成了老涂。可能是他的示范作用，儿子也是很早就结婚生娃。现在老涂40多岁，已经当爷爷几年了，四世同堂也算是其乐融融。

上车

老涂虽然比老爹舍得用肥料，但是在种田的总体理念上跟老爹差不多，不愿意冒太大风险改变种植结构。20世纪90年代，花村已经有不少农民开始种植西瓜，收入相当不错，有的小组种的西瓜多，几乎每家每户都买了摩托车和彩电，洋气得很。但是老涂依然觉得种小麦和水稻比较稳当，毕竟当时种西瓜需要一定的人脉，不到外面找老板，你种的再好也卖不出去。老涂是个老实人，比起跟人打交道，他更喜欢跟机器打交道，尤其是拖拉机。

20世纪90年代末期，老涂还清了家庭债务之后还有些余钱，就花了6000多元买了一台8匹的手扶拖拉机，除了自己用，也可以给别人耕地赚点钱，毕竟当时一个小组也就一两台拖拉机。老涂发现，自从买了拖拉机之后，他跟其他农户的关系也走近了，因为越来越多的人愿意找他帮忙耕地。

到 2005 年，老涂的钱包又鼓了一些，于是花巨资买了台 704 拖拉机，总共花了 6 万多元。虽然付钱那一刻感觉到心在滴血，但是一上了心爱的驾座，老涂立马感觉自己就快被幸福融化成蜜汁，像找到了梦中情人一般。这台拖拉机耕地更深，用它来耕地，可以让棉花产量翻一番。一旦尝到了品牌拖拉机的好，老涂买买买的心根本停不下来。2010 年他斥资 14 万元买了一台新品拖拉机，三年后再次斥资 24 万元买了一台功能更强大的。目前，除了手扶拖拉机作古之外，其他三台大拖拉机都还在使用中。

实际上，到 2005 年左右，花村几乎每家每户都至少买了一台大型拖拉机，因为农民发现有了大拖拉机之后，装载西瓜就更方便了。在那个年代，花村 90% 以上的农户都种上了西瓜，继续赚着比小麦水稻多得多的钱。老涂观察和犹豫了十年，终于也开始种西瓜了。但是心情依然是紧张的，因此老涂只是小心翼翼地试种了 3 亩。没有技术，他就趁着给别人打田的时候偷偷看别人怎么种，前面几年都种不出什么好瓜。好在老涂学习能力强，又比较倔强，最终还是搞清楚了西瓜种植的门路。2010 年，老涂开始大面积种瓜，搞了 30 多亩，后来又继续拓展，种了六七十亩。自己的地不够种，老涂还租了别人家的地。

作为拖拉机骑手，老涂自然要将机械化充分运用到西瓜种植当中。十年前，老涂已经能用他的大型拖拉机下地，一次性完成下肥、起埂、打药、盖膜等工序，而且一天就可以轻松搞完 50 亩西瓜地。而其他农民伯伯至少要三四个人、搞半个月才能人工完成同样面积的劳动工序。

生意

既然效率这么高，自然有不少人找上门来请老涂帮忙。老涂也乐意答应，开拖拉机帮别人下地种西瓜，1亩收入50元，扣除成本还可以赚20元。三台大型拖拉机同时开工，单靠这一项老涂一年的收入也不低于15万元。当然，老涂不可能同时开三台拖拉机，他常年请了两个师傅帮忙开车，而自己的工作重点则是到处找活。除了种西瓜的活，近年来更多的是跟小麦水稻有关的活路。老涂的业务主要是在花村以外，不少还是跨市作业，而且多数业务还是自己找上门来的。

这几年西瓜行情不好，而且老涂也忙于开拖拉机，从去年开始就不种西瓜了。现在他主要改种花生，并且套种棉花，共20多亩；还种了10多亩水稻和小麦，10亩桃树，以及几亩玉米和其他杂粮。老涂算了一笔账：花生1亩纯收入1500元，棉花1亩纯收入300元，花生套种棉花，一年一季，1亩年收入1800元，20亩就有36000元；水稻1亩纯收入1500元，小麦1亩400元，一年合计1900元，10亩就有19000元；桃树已经种了好几年，全年的纯收入8000元；这几项加起来，一年的种植纯收入为63000元。加上15万元的拖拉机生意，老涂每年的收入20万元以上，不比985大学的副教授差。难怪人家40出头已经正儿八经当了几年的爷爷，而且整天乐呵乐呵。

喜欢开拖拉机的，可不止老涂一个人。这几年当地兴起了不少的农机合作社，老涂的一台拖拉机加入了花县农机合作社，另外一台则加入大龙农机合作社。大龙合作社是一个省级的合作社，什么机械都有，但是老涂只对拖拉机上心，他知道一共有 70 多台拖拉机，其中大拖拉机 40 台；加盟的社员有 50 多人，花村有四台大拖拉机在里面。之所以机师们乐于搞农机合作社，是因为前几年国家大搞"深松"补贴，这些补贴是给到合作社的。为了分这些补贴，花县一夜之间出现了十几家农机合作社。

老涂的第三台拖拉机挂靠在太阳合作社。这个合作社很了不得，拿到了 10 万亩的"深松"补贴项目，老涂每年可以从中分到 2000 亩的任务，只要老涂是在花县范围内耕地就能够拿到补贴，第一年每亩补贴 40 元，后来降到 25 元。这 25 元补贴，合作社要提取 6 元，油费是 14 元，老涂只能赚到 5 元。如果你再扣除人工工资和维修费，几乎就是要倒贴钱。虽然如此，老涂还是愿意接这样的活，因为可以为后续的生意打下良好的群众基础。老涂的拖拉机和其他机师的一样，都安装了北斗系统，后台可以远程定位摄像，老涂耕了多少地，后台清清楚楚。

深松项目主要针对旱地，要求机师们深耕 25 厘米。老涂仗着自己的拖拉机好，经验也丰富，每次都要深入 30 厘米，农民看在眼里，乐在心里。项目要求老涂他们不能收群众的一分钱，不能抽农民的一根烟，一旦发现，重重有惩。

加入合作社，对老涂来说意味着更容易接到大活。因为合作社对外只承接成千上万亩的大单，分给老涂他们的活自然也不会小。老涂就从大龙农机合作社接到了 7000 亩的大活，干一单的收入要比接几十家小户的活强得多。老涂坚信薄利多销，因此他的收费标准总是低于市场价：旱地种西瓜，耕田 1 亩人家收 90 元，老涂只收 50 元；悬田 1 亩人家收 50 元，老涂只收 25 元；

施肥、起埂、打药、盖膜一条龙服务，人家收 80 元，老涂只收 60 元。正是因为质优价廉，老涂的拖拉机生意是越来越红火了。

四十出头的男人，开着酷炫的大拖拉机走南闯北，这就是小组长老涂硬朗的中年生活。

水温与机械化：一个奇怪的知识

有些知识之所以显得奇怪，是因为它们有很强的地方性和实践性。知识的地方性虽然很难在书本上得到体现，却能够很有效地解决农民所面临的问题；知识的实践性虽然很难被主流的理论所理解，却能够自洽地解释农民的行为逻辑。坐在办公室的理论家往往瞧不上种地的泥腿子，认为后者缺文化少知识不理性，竟然经常跟理论家所主张的主流观点对着干。可是在泥腿子们看来，这些花哨的理论家实在不接地气，他们的理论对实践很难有解释力和预判力。实际上，对于很多办公室理论家来说，他们制造的大量理论，除了用来评职称拿项目糊弄政府之外，大概也只能作为下田的"肥料"。花村的小组长大蓝，将给我们分享两个奇怪的知识：一个是为什么水温会影响水稻的机械化，一个是为什么农民倾向于将自己的耕地流转给好几户人家。

露珠味的青春

大蓝其貌不扬，是个中规中矩的标准农民。令人意外的是，尚未 40 岁的他竟然没有打过工，自从 1999 年初中毕业就留在家里种田，十年后当上了小组长。这一点很不农村，很不中西部。虽然你很想从大蓝的言行举止中找到一些在农村"蹉跎岁月"的悔恨迹象，很遗憾，你只找到了来自田野粗犷之余夹杂一丝精明的风味，仿佛农耕的日常也可以成为中年人安身立命的基座。

1999 年，在很多农村已经开始出现务工潮，而花村却显得格外宁静。这个中西部的小村子，没有工厂，没有矿山，更没有出租屋。农民之所以不流行外出务工，仅仅是因为"户均土地二十余亩、大半用于经济作物"的农业格局。特别是那些年头，种西瓜的收益相当不错，大家伙都不想出去打工受苦。大蓝当年是在花镇中学读的初中，同班 50 多个同学，有 20 多个上了高中，都是外村的同学；那些花村的同学都没有上高中也没有外出打工，初中毕业后全部留在家里种田。

还是不愿意外出受苦啊，大蓝回味自己稚嫩的青春，尽是西瓜肥大绿叶上亮白露珠的气味。

大蓝家里有 20 多亩耕地，在花村也就是个平均水平。早些年，这些土地基本都种西瓜，好一点的水田也用来种水稻。那个时候种田啊，每年最少有三四个月是农闲，除了玩还是玩。现在呢，既有机械，又可以请人工帮忙，真正农忙的时间只有两三个月。

水温的秘密

说到这，大蓝的眼里开始泛着亮光，嘴角微扬。现在他种了 10 亩水稻，整田都是用自家的拖拉机整，整个三道也不超过两天。插秧呢，大蓝还是坚持请人工，7 个人就够了。这些人工啊，主要从隔壁村请，年龄在 50 岁左右，一般都是自己家里也种着田。超过 60 岁的，大蓝一般就不太愿意请了，因为插秧那会天气热，出了问题可不好。7 个人工，一天就可以把 10 亩地插完。人工价格呢，插秧是一人一天 170 元，种红薯是 140 元，种花生种玉米是 120 元。

为什么插秧不用机械呢？大蓝神秘一笑，说出了一些奇怪的知识。什么事情啊，都有它自身的实践规律，我们农民不掌握这个实践规律，那跟城里的办公室理论家有什么两样？

你看，机插秧啊，它用的秧苗是比较短的，太长了机械不好对付。秧苗短了，你放水就不能放太深，否则容易把秧苗淹死；因为我们这是丘陵地区，土地也不平整，你把水放浅了，就有一些地块会裸露出来。这些裸露的地块，很快就疯狂长草，你得除两次草才能搞定。如果是人工插秧，一般秧苗都让它长得比较长，这样你可以放心把水放深一点，把所有地块都泡在水里，就不容易长草了。

另外呢，大蓝他们小组的土地位于花河水库最上游，用的是低干渠，也就是水库底部的水，这些水常年照不到太阳，水温比较冷。因此，吃这些低温水的稻子，长得相对比较慢，如果你用机插秧，那些培育得比较矮的秧苗，很容易就长成侏儒，错过季节时令，最后收成就很少。

正是因为这些奇怪的知识，大蓝所在的小组绝大多数都采用人工插秧，只有四五户人家采用机插秧。这些采用机插秧的人家，有的是因为田太多了，有的是没有劳动力，只好请机插秧搞一条龙服务。

叔叔的选择

现在种田，要想有好一点的收入，一是靠种得多，二是要种得巧。什么是种得巧？那就是田里不让长草，水肥管得好，减少农资投入，通过精耕细作，每亩产量可以多 100 元，人工可以省 200 多元。大蓝认为自己就属于种的巧。种的多，必然要请人帮工，人工成本就大，只能靠数量取胜。

要想种得多，你就得想办法租田，这里面也蕴藏着一些奇怪的知识。农民自己不种田，一般会把田优先给自己的亲戚种，而且很多还是免费的。奇怪的地方就在于，即使公司或大户给的租金比较高，农民往往也不为所动，表现得"很不理性"。虽然亲戚不一定在一个小组，但是一般都在同一个村里，最远的也就是几里路。你如果不给亲戚，亲戚对你都会有意见。

大蓝租了五户人家的田。一家是他的亲叔叔，总共租了 4 亩旱地，说是租，其实根本不用给钱。叔叔的儿子儿媳，也就是大蓝的堂弟堂弟媳，30 多岁，五年前也在家里种田，后来因为家里人口多田地少就到温州打工去了；2020 年，堂弟媳就回家在花县租了个房子，照顾孩子上学，想在县城顺便找个工作，一直也没找到合适的。婶婶也到花县一起带娃，主要是给孙子和儿媳做饭洗衣。

叔叔 59 岁了，婶婶到花县带娃之后，他一个男的也不会做饭，在农村种田就有点不划算了，于是去年就到花县的一家装修公司当搬运工，这家公司是一个亲戚开的，一天给叔叔 150 元的工资。到了花县，叔叔自然是吃住都和婶婶他们在一起，因此每个月 4000 多的工资几乎都是纯收入。

叔叔一家有近 20 亩地，6 亩水田他们还是自己在种，主要就是插秧的时候请一下人工，其他的就是委托其他人帮忙看一下水，自己也可以请假回来打打药。他开个摩托车从花县回来只要 20 分钟。种水田是比较轻松的，他 6 亩田一季就可以纯赚七八千元。

另外，叔叔还有七八亩旱地，除了给大蓝 4 亩，其他的则是给了另外两家邻居。大蓝之所以要他的 4 亩旱地，是因为这些地刚好跟他的地隔得近。要是隔得远，我还不要呢，大蓝理直气壮地说到。其他两家邻居，跟叔叔的关系都比较好，而且地也挨着，因此邻居们就主动上门要求种他的地。把地租给几家人，一个是要考虑亲疏远近关系，一个是考虑地块的邻近，而且多给几家也可以多一些人家帮忙看水。叔叔自己种的水田，一般就拜托这些拿他土地的人家来帮忙照看。

大蓝租的第二家是他姑姑的地。姑姑嫁到隔壁村，夫家的地也不少，有 20 多亩，十几年前就把其中 6 亩多旱地租给了大蓝，每亩租金 100—200 元不等。姑姑家是做生意的，在他们村里卖农资，田地早就不种了，租给了五户人家。去年啊，有 1 亩多旱地硬是给不出去，姑姑没办法，只能自己捡起来种。为啥呢？你不能让田荒着，否则别人会说这家人太懒。尤其姑姑家又是开农资店的。在当地，开农资店的农民，一般来说田都种得比较好，这说明你种子好、药好，才有人来你家里购买农资。田里长草的，一般都是那些田种得多的，或者在外面打工，这样把田荒着，大家都会说闲话。

土地如何流转？

大蓝还租了岳父母的 12 亩旱地，他们家是花村另外一个小组的。岳父母也就这 12 亩旱地，去年都给了大蓝种。岳父母家只有三个女儿，都出嫁了，大蓝是离得最近的。老人家 57 岁了，觉得种田有点累，请人工吧，请多了不划算，请少了又做不完。去年他们就跑到温州打工，分别在老年公寓做家政服务和保安。大蓝隔壁小组组长的老婆在温州是个管理人员，介绍了村里十几个人到温州做家政服务。岳父母也是通过这层关系去的温州，岳母一个月的平均收入有 7000 多元，岳父有 3000 多元，春节还有三倍工资。这些收入比在家里种田还是划算多了。

大蓝租的第四家土地是本小组一个朋友的，总共有 9 亩田，里面有 7 亩多水田，租金 300 元 1 亩，旱地则是 200 元。这些田地，大蓝已经租了六七年了。这个朋友家里也有 20 多亩田，其他十几亩都是给了其他朋友，因为他的亲戚都接不了。朋友 56 岁了，在花县的一个酒店当厨师，每个月三四千工资，他是把田地租给大蓝之后才到县里打工的。之前呢，朋友在村里当红白喜事的主厨，大蓝算是他带的两个徒弟之一。后来朋友的老表在花县开了馆子，邀请他去帮忙。

刚开始，朋友还留了 1 亩水田，种点口粮自己吃。后来发现请假回来种田太累了，而且那个时候种田请工的还比较少，他就把田租给了大蓝。朋友的老婆在另外一个餐厅帮厨，两个女儿还没出嫁，因此家里也没人可以种田。

大蓝还租了本小组一个颇有名气的"大哥"的地，是8亩的旱地，已经拿了八九年了。"大哥"不收他的租金，给大蓝种是为了不让自己父母辛苦种地。实际上，"大哥"的父母是很不乐意的，他们想自己种这些地。"大哥"家除了十几亩水田（他父母自己请人工种），还在村里包了100多亩旱地，这些地都是给别人种，有租的，有白给的。"大哥"包村集体的地，主要是想把资产拿在手里，之前种桃树，每年都亏钱，去年把树砍了，今年准备种苗木。

这样算下来，大蓝种的地可不少。他自己家里20多亩，租了叔叔家4亩，姑姑家6亩，岳父母12亩，朋友家9亩，"大哥"家8亩，总共60多亩，在花村也算是排在前面的。

能拿到这些地其实也不太容易，大蓝露出一丝自得的神色。现在你想要流转别人的土地，一定要有一层关系，不是亲戚，就是玩得好的朋友。本小组的田，基本上在内部就流转完了，合作社和公司其实很难租到地，即使租到了地，往往也是找到了本小组的内部关系。在大蓝小组，一共130多户人家，最多也就10来家有转出土地的诉求，其他都是自个种。

经营与收成

大蓝的媳妇在花县的一家酒店帮厨，她是今年才去当的学徒；大蓝父亲也在这家酒店打工，搞水电维修，酒店包吃包住。这是堂姐家开的酒店，大蓝媳妇因为觉得种田太累，堂姐就让她过去学艺，目前的工资只有2800元，一个月有几天假期。大蓝的母亲在家里帮忙带两个孙子。

因此，家里的田都是大蓝一个人在种。年成好的话，一年可以收入20万元。这些收入主要是靠经济作物。大蓝种了4、5亩西瓜，一般每亩收入三四千元；如果气候稳定，每亩最少都有2000元以上，就怕气候不好，天干还可以抽水，洪涝一来就什么都没有了。这几年红薯不错，大蓝种了20多亩，价格好的时候1亩收入1万多，一般的话也有三四千。大蓝还种了10亩水稻，稻虾5亩，花生7亩。花生、水稻1亩纯收入有1000多元，比较稳定。另外还种了4、5亩小红桃，前一年种了有十几亩，因为没赚到钱，大蓝就砍掉了一大部分。

由于西瓜种植不太景气，从2013年开始，花村的水田只要能恢复种水稻的都恢复了。那个时候，旁边也建了水泥厂，农民可以就近去打工，同时兼顾种水田。之前因为西瓜效益好，2000年左右，大量的水田都改旱地种西瓜。这几年西瓜面积大量减少，2015年开始，农民又开始在旱地种红薯，后来又开始种其他果树。大蓝最高峰的时候种了30多亩西瓜，现在只剩下4、5亩。

现在啊，农民忙就忙在旱作物上面，特别是西瓜和棉花。如果你就种水稻、花生、玉米，相当于就是天天可以玩咯。大蓝爽爽地笑了一声，就像熟透的西瓜裂开一般的清脆。

第三章

作物的冒险

进击的紫薯

只要有市场需求，即使没有政府的扶持和倡导，农民也会自己抓住商机。特别是随着消费结构的改变，主粮之外的农产品日益受到消费市场的欢迎，也提升了农民的种养兴趣。在这个过程中，一些市场嗅觉较灵敏的农民逐渐转型成为对接农民和市场的专职经纪人，推动了农村市场化的发展。

年轻的紫薯姑娘

作为花村颇为知名的紫薯经纪人，小贝姑娘确实相当年轻。还不到30岁的小贝，已经在紫薯生意中闯荡了五年，并在当地积累了不错的人脉和口碑。这些经历，在她清秀的眉目间留下了自信而稳重的神采。这也许是同龄农村女孩所少有的神采。

2008年，小贝初中毕业后就回家了。她初中班里30多个同学，毕业后没有继续升学的只有七八个。这跟她的父辈们已经完全不同。初中毕业后，小贝就在家里帮忙做点家务，妈妈不愿意她外出打工。这也是当时花村父母的普遍心态，认为年轻人外出打工既辛苦又不安全，还不如在家里找点活干。

　　在家待了七八年，小贝就跟同村的初中同学结婚了。两口子各自的父亲也是同学，两个家庭算是知根知底。当时，彩礼的一般行情是 10 万元，也不要求男方必须到花县买房子。但是小贝家只要了 6 万元的彩礼，因为考虑到一来两家人都很熟，二来男方刚买了一辆 14 万元的小车。现在的年轻人结婚呢，一般也不要求到城里买房，但是如果女方家庭条件好，或者女方在外面打工，一般都不愿意跟老人一起住，就会提出在花县买房。

　　小贝的一个朋友家在隔壁乡镇，初中毕业后就外出打工。去年嫁人的时候要求男方给 22 万元的彩礼，而且要求在花县买房，由男方支付一半的费用，大概要 35 万元。虽然男方是开大车的，比较有钱，不过这彩礼，这房费，也着实是一笔不小的开支。小贝觉得，这几年彩礼之所以大涨，主要是很多女孩都外出打工了，受到外面城市的影响比较大，不少女孩都愿意嫁到发达一点的地区。结果，农村的女孩就少了，特别是中西部这些发展比较落后的农村，大龄男青年更难找到对象了。

　　结婚不久，小贝生了一个女娃。她觉得一个小孩已经够了，而且女孩男孩都一样，到现在也不想再生二胎。人这辈子，图个啥呢，小贝有时候想，与其再生个娃，还不如换个好车子，买个好房子。老公也是这么个想法。他中专毕业之后就到上海打工，是因为中专同学的亲戚在那里有业务，这才介绍他过去的。在上海待了两年，就回家了。

进军紫薯市场

2016 年，小贝和老公开始进军紫薯生意。说起紫薯代办这个行当，小贝也算是在一定程度上继承了家业。她的爸爸一直在做西瓜代办，小贝从小看到大，可以说是熟门熟路了。但也正因为这样，小贝对西瓜代办一点都不感兴趣，做的人太多了，而且又累又麻烦。之所以选择紫薯，也有一定的偶然性。当时小贝在玩电脑的时候无意中发现了紫薯生意的商机，而且当时村里还没有人做这方面的代办。

跟老一辈的代办什么都搞不同，小贝一开始就专注于紫薯这一品类，连其他的红薯都不代办，因为价格没有优势。刚开始做这个生意的时候，花村的紫薯种植面积并不大，很多人都不愿意种，因为不太好卖。但是小贝敏锐地嗅到了其中的商机，作为一种营养价值较高的农产品，她相信不久之后一定能够在消费市场占有一席之地。之所以有这种自信，是因为小贝经常浏览网络信息，关注到越南紫薯已经开始受到城市消费者的青睐。

为了更好地给村里的种植户提供品种和技术指导，小贝亲自到各地进行考察，特别是紫薯的主产区广东湛江，小贝更是深入考察了他们的品种选择以及相关的技术。要激发农民种植紫薯的积极性，首先就要帮农户把紫薯的销路打开。小贝通过网络，可以便捷地联系到南方的买家，主要是广东、广西、海南等地。只要农户把紫薯交给她，她能保证一定销售出去。

除了能卖出去，最好是能够卖个好价钱，这样你不用鼓励，农民自己也会兴高采烈地扩大种植。市场果然如小贝预料的一样，这几年紫薯的价格噌噌往上涨，从 1.5 元涨到 3.5 元。农户就像打了鸡血，2020 年的种植量跟 2016 年相比翻了 10 倍都不止，少说也有 1000 多亩，一天就可以收五六万斤，可以连续收一个月。要知道，2016 年一个星期只能收到 2 万斤。

紫薯一般是清明过后半个月开始种，这属于早茬。正常情况，7 月 10 日左右就可以开始收了。晚茬是 6 月份种，套种在西瓜地里。相比之下，早茬的紫薯价格更高。农民把紫薯直接拖到小贝家里，小贝收购下来之后再包装卖出去。2019 年的价格创了历史新高，小贝从农民手上收购的价格达到了 3.5 元 1 斤。

对接农民和市场

小贝请了专门的工人来给紫薯挑选、分装、分级，这些工人主要是花村和邻村四五十岁的中年妇女。她们一般在家里带孙子，少量种了点地。小贝按照工人的工作量来计算工资，最多的一天可以达到 300 元，最少的也有 100 多元。分级的工作，主要是分为大中小，大的紫薯一个 1—1.5 斤，中等的 0.2—1 斤，小的 0.1—0.2 斤。那些过大或者过小的都属于残次品。2019 年市场价格太好，还没等紫薯长大就全部卖完了，中等的卖 3.5 元 1 斤，小的和残次品全部按照 0.5 元 1 斤卖。

分级的时候，农户就在旁边看着，一旦分级完成，小贝就现场给农户现金结算。小贝是分级之后给农户算钱，其他紫薯 / 红薯代办则是全部一起上大称，按照一个固定价格计算，这样的话一车的价格至少要少 300 元。所以，农民更愿意把紫薯拉到小贝这里。小贝家的旁边，自己建了一个仓库，最多可以装几十吨的紫薯。农户用自己的车把紫薯拉过来，大车一车可以装三四千斤，七八个工人半小时就可以完成分级包装。小车一车一两千斤，七八个工人十几分钟就搞定了。

分级完成之后就装车，搬运的工人都是花村的，有五六个，他们平时就经常做搬运的工作，一般都是40多岁，田地不多不少。搬运的工作也就半个小时到一个小时，工资是30元一吨，半个小时一个小时就可以拿到200元，也不影响他们种田。在花村，搬运工有专门的工头来组织，小贝只要告诉他有多少货，工头自己就会安排人员。花村的这个搬运班子很早就有了，也就七八个人，除了在花村搬运，也到邻村搬运。实际上，搬运只是兼职，主业还是种田。女工呢，组织化程度比较低，并没有专门的工头，需要小贝一个个打电话去问。

怎么跟市场端对接呢？前几年，小贝主要是对接档口、商超，这几年则主要对接电商，比如拼多多、淘宝等平台。具体的流程是，小贝通过货车帮App找到车，然后把紫薯拉到档口，运费是由档口承担的。为了避免风险，小贝会要求档口先付货款，然后再出货。档口会联系司机以确定到底装了多少货再打钱过来。货款都是直接转到小贝的个人账户上，并不需要通过第三方平台。

从农户把紫薯运到小贝家里，一直到工人把紫薯装上车的时候，投入紫薯上的整体成本是1斤0.1元左右。这些成本的构成包括：工人工资0.03元，小贝的工资也是0.03元，包装袋子0.01元，还有其他一些成本开支，比如工人的伙食费。也就是说，无论紫薯价格高低，小贝赚的是固定服务费，即每斤收取0.03元。

2019 年小贝赚了十来万元。价格的高低，影响的主要是农户。

新生代经纪人

这几年，花村的紫薯量已经满足不了小贝的生意需求，她必须到周边的村里去找货源。刚开始的时候，信息通讯还不发达，小贝需要打电话问农户，有没有货，什么时候挖。这两年大家都习惯用微信群，只要有需要就直接到群里发信息问。小贝自己组建了一个紫薯农户群，群里面有 300 多人，覆盖了包括花村在内的四五个村。群里的农户一般的种植规模是 20—40 亩，基本上都是自家的田，并不需要流转别人的土地；也有两三户种了两三百亩，租的是周边劳改农场的土地。群里也有其他类型的代办，主要是代办水果的，比如桃子、李子。花县之外的用户都是大户，小贝会跟他们保持一对一联系。这些大户，一般都有几百上千亩，2019 年小贝收购了其中 3 户的紫薯。

花镇还有一个专门搞紫薯代办的农户，但是做的并不太好。在别的镇，也有做红薯代办的，但是很少有专门做紫薯的。红薯的产量大，但是价格低。小贝专注做紫薯生意，目前的客户都比较稳定，也不需要刻意去维护。小贝认为，只要把产品做好，客户都会满意的。这些客户都是小贝这几年做生意建立起来的网络，她不需要发愁怎么把紫薯卖出去。对于新进来的人来说，想要重新瓜分这个市场就很不容易了。你要通过网络平台来发布生意信息，现在供给量越来越多，网络平台发布的信息也越来越多，客户要从这些信息找到你很不容易。对于已经在这个市场耕耘多年的小贝来说，事情就简单多了，她只要在朋友圈发布信息，那些有需求的客户就会主动来找她。

小贝也没有太花心思去经营和农户的关系。作为新一代的代办，小贝认为信誉比关系更为重要，而且也要让农户逐渐习惯这种简单交易的模式。小贝坚持对所有农户一视同仁，而且从不欠账。之前有西瓜代办因为打白条而出现还不了钱的情况，政府和村里就不断跟农民宣传，要农民提高防范意识。现在呢，也只有很熟悉的人之间才会打白条。

在请工人方面，小贝目前都有七八个比较固定的人。这些都不是自己的亲戚。小贝不喜欢把自己的亲戚喊过来打工，因为不好管理，不好批评，不合适的也不好开掉。

市场的归市场

那怎么确定每天紫薯的价格呢？在紫薯的市场中，广东湛江是风向标，一般各地都是跟它看齐，因为它是最早出货的。小贝每天都会跟湛江相熟的代办询问他们当天的收货价格，如果市场缺货，小贝的价格会跟湛江平齐；如果市场供给情况正常，小贝则会在湛江价格的基础上便宜个 0.05—0.1 元向农民收购。

2019 年，紫薯的价格之所以畸高，小贝听到的消息是因为当年中国不让进口越南紫薯，而且对走私管控得特别严。越南紫薯是中国紫薯最大的竞争对手，一管控，整个中国市场就处于紧缺的状态。7 月份中旬的时候，北京新发地的一个老板联系小贝，那是个老客户了，问现在紫薯是否可以出货。那个时候紫薯的个头还不大，小贝就询问价格上如何定。老板很爽快地说 3.5 元 1斤，小贝一听，整个人就振奋了。因为 2018 年最高价才 1.7 元。小贝赶紧在群里发消息，让农户收紫薯，群里简直跟沸水一样闹腾。小贝往新发地连续发了 10 车紫薯，每车都有 20 吨。很快就又有其他客户联系小贝，由于货物紧俏，小贝只能给他们排号，按顺序发货。不到一个月，当地的紫薯就全部卖完了，后面只能从外地调货。

受到 2019 年高价的影响，2020 年农民种的更多了。但是一方面受疫情的影响，整个社会的消费能力下降了；另一方面更主要的是受天气影响，上半年雨水太多，整个紫薯的出货时间至少延迟了 10 天。挖紫薯，都是用拖拉机刨出来，1 亩地要刨 1 个小时，然后再由农户自己把紫薯捡起来，1 亩地的产量是 3000 多斤，四个人半天可以捡 2000 多斤。2020 年，湛江的紫薯价格只有 1.7元，花村只会比这个低。

紫薯这东西，最怕水泡，容易烂掉。只要能挖出来，而且不烂，小贝都可以把它卖出去。价高价低，从短期来看对小贝影响不大，因为她是按照出货量来计算服务费。但是从长远来看还是有影响的，价格低了，第二年农民就会减少种植面积，小贝能收到的总量就会减少。为什么都可以卖出去呢？因为那些残次品可以全部卖给福建那边的加工厂，加工成薯条、薯片、点心、月饼、酒等。小贝跟加工厂的联系很紧密，每年联系一个工厂就够了，一个车可以拉 32 吨过去。

　　虽然小贝对于花村的紫薯种植发挥了重要的作用，但是她从来不认为这是自己的功劳。归根结底，这是全国消费市场的需求偏好决定的。所以，并不是多几个小贝这样的新经纪人，就能够硬生生地把农村的产业带动起来，而是市场的需求带动了小贝们的发展。从这个意义上讲，市场的事情还是交给市场来办。

果农的心，赌徒的命

甜甜的瓜香

夏天的午后，在骄阳烘烤下，花村的知了也显得无精打采，有一声没一声地叫着。大飞哥慵懒地侧躺在大厅的长沙发上，吹着小风扇，享受着身为农民的一点悠闲福利。

大飞哥家里有 60 多亩地，大多是租的别人的水田。也就是这些年机械化程度高了，换作以前，大飞哥打死也不会种这么多水田。除了水田，大飞哥家里还有 10 亩地种了桃子，前些年则是种的西瓜。实际上，大飞哥并不是一个普通的农民，他在村里当水果代办也有 20 多年了。干农业，真累啊！大飞哥揉了揉惺忪的睡眼，接连打了几个惬意的大哈欠，隐约还可以闻到中午吃的桃子的余味。

20 多年前刚入行，大飞哥还没 30 岁。那个时候也没想着把代办作为一辈子的事业来做，只是因为家里也种了西瓜，又住在马路旁边，跟群众的关系也不错，就顺便做起了代办。代办要做的事情，无非就是对接外面的老板和村里的果农，帮老板从农民手中收水果，从中赚点服务费。

作为西瓜大镇，当年的花镇一到六月，整个空气里都弥漫着甜甜的瓜香，就像童年的梦境一样迷人。大飞哥是花村最早种西瓜，也是最早搞代办的那一批。想来就是在 2000 年前后，西瓜代办如雨后春笋，每个村民小组都有五六个代办。毕竟那几年西瓜满地都是，恨不得只要有土的地方都插上几根苗。以至于外地的瓜商络绎不绝，而他们对本地的情况又不了解，因此对代办的需求与日俱增。

随着其他地方的西瓜越来越多，花镇西瓜的市场大受挤压，价格也越来越不讨人喜欢。再加上西瓜品种更换之后，本身的产量不断下滑，瓜农陆陆续续放弃了西瓜种植。在这种情况下，西瓜代办的生意自然每况愈下，最后能坚持下来的也就剩两三家。大飞哥就是其中的一家，只是他已经不局限于搞西瓜代办，只要能代办的农产品，他几乎都收。

总不能在一棵树上吊死吧！大飞哥咬了一口昨天刚从树上摘下来的桃子，一边品味，一边思量着这货能卖个什么价格。

这几年，大飞哥代办的主业转移到桃子和李子上面，5 月开始收，每年加起来能往外面发 100 多车。西瓜是 6 月开始收，但是地位已经大不如前了，去年大飞哥才发了二三十车，今年更少，还没收几天就结束了，让人有一种意犹未尽的失落感。之所以发生这样的变化，并不是大飞哥的主动选择，而是南方老板的口味变了，他找你要桃子和李子，你当然只能给他搜罗桃子和李子。其实也不能怪老板口味变了，而是整个消费市场的口味变了，消费者不吃你花镇的西瓜，愿意吃你的桃子和李子，你跪谢就行了，甭想着挑三拣四。适应适应，对这个变化莫测的市场，你能做的永远只有适应。所以到了 9 月，你就应该开始收棉花，一直到腊月。

在这行当泡久了，大飞哥有时候会恍惚觉得自己长出了几根哲学家的羽毛，说出来的话有时候自己都听不太懂。

寸土必争的谈判

做代办的农民，一般都住在马路旁边，方便水果的装运。早些年，西瓜市场红火，一般是代办带着瓜商直接到田里看瓜，如果相中了，就可以跟瓜农约好第二天来收瓜。谈好价格后，瓜农就把西瓜一车车拉到代办门口，然后代办或者瓜商自己在市场上约一个自带司机的大车，装满一大车的西瓜之后就即刻上路。

最近这些年，西瓜不景气了，农民也种的少，很难装满一车，瓜商也懒得到田里去看瓜。于是，在离花村不远的猫脚山下，逐渐形成了一个水果交易市场。一到水果收获的季节，农民纷纷用自家的拖拉机把水果拉到猫脚山市场，供瓜商和代办们挑选。猫脚山下之所以能够形成交易市场，一方面是因为场地还算开阔，更重要的是该场地刚好处于省道和国道交界的地方，交通条件特别好。而且，场地上还有不少大树，在炎炎夏日中也不显得那么燥热难耐。

大飞哥住的地方离猫脚山市场很近，到市场选果子很方便。即使有时候在外面，没空亲自到市场，特别是当水果市场比较紧俏的时候，大飞哥也会给市场里的农民打电话，让他们把好的水果留给他。因为平日里跟果农关系较好，在市场价格一样的情况下，果农也愿意把水果直接拉到大飞哥家门口让他收。作为回馈，大飞哥也会给这些农户留一辆车的空间，确保农户的水果即使在市场不景气的时候也能够卖出去。

干这一行，跟农户搞好关系显然是很重要的，否则市场紧俏的时候你根本都找不到充足的果源，特别是质量好的水果。怎样才算是关系好呢？同样的市场价，人家农户愿意把水果卖给你，那就是关系好。大飞哥用手把嘴角残留的桃汁猛地抹掉。要知道，在这一行当，钱永远是第一位的，关系都是建立在钱的基础之上的。

现在这个年代，信息实在是太通畅了，还有哪个农民没得手机？他只要随便打几个电话，就知道其他代办出的价格了，透明得很，你别想着能够以低于其他代办的价格买到同样质量的果子。除非你就是想做差果的生意，价格自然低很多。我从来都是做的高端水果，差果我是不碰的，大飞哥显得非常自豪。

市场紧俏的时候，大飞哥为了保住好的果子，除了打感情牌，他还要给农户下定金。一般来说也就给个一两千，如果他们家的果子多、果子好，你还得给更多的定金，否则农户也不能保证把果子卖给你。

要把果农的关系维护好，平日里就需要投些本。在大飞哥看来，这些本其实也不大，无非是水果卖完之后，大家伙一起吃个饭，打打牌。跟大飞哥关系不错的果农，算起来也有二三十户，主要是花村和旁边村子的，毕竟住得近，大家伙都知根知底。而且，大飞哥并不需要跟这些果农产生人情关系，大家无非是生意往来，没必要增加彼此的负担。从果农的角度来看，他们其实也愿意跟大飞哥保持好的关系，至少可以确保市场不景气的时候也能够把水果给卖掉。

收果子的时候，大飞哥先打电话给果农，确认果子可以收，然后再到现场看果子，谈价格。虽然是关系不错的果农，但是在价格面前，彼此还是寸土必争。往往要谈好几次，最终才能把价格给定下来。像去年，桃子1斤1元，这个价格是上一年的三分之一，主要是因为雨水多了，桃子的口感并不太好，另外一个原因则是受疫情影响，整个市场消费能力都变弱了。

果农也不容易，不仅市场不稳定，而且老天爷也不稳定，搞不好一年的辛苦都要泡汤。大飞哥作为农民，是有切身体会的。他也希望市场更好，老天爷更给力，这样的话，他这个代办也可以跟着沾光。

应运而生的农业工人

除了要接触果农，大飞哥还需要掌握农业工人的情况。因为水果不宜久放，从采摘到发车，时间越快越好。所以收果子的时候，大飞哥需要找一帮农业工人来帮忙干活。果农会提前把水果收下了，但是大飞哥还必须一个个地挑选，品相不好的果子是不能要的。有一次收一车水果，工人从早上六点一直干到下午一点才把事情搞定，其中有七个人专门挑果子，一个人专门装车，大飞哥也要寸步不离，隔三差五检查一下工人挑选后的果子是否达标。

由于花镇农民的户均土地比较多，再加上经济作物的种植面积也比较大，因此种植户在采果的时候对农业工人有很大的需求。毕竟上市的时间不等人，而且水果也不经放，最好是快快采下来然后快快卖出去。有需求就有供应，一些农民干脆不种地或者周边村子本来种地就少的农民就加入了农业工人的队伍。大飞哥经常到隔壁乡镇招工，他们那里的土地少，闲人多。最多的时候，大飞哥用车拖了60多人来帮忙挑果。

作为代办，大飞哥还是要对老板负责任，确保供给人家的是好的果子。因此，他要求工人们要细致挑果，那些干活马虎的，当场也要说他，如果说了没什么改变，第二次就不会再叫他来帮忙了。毕竟一个工人干一天活要支付120元的工资，大飞哥希望这些钱能物有所值。

工人是分散的，大飞哥不可能一个一个去叫，好在有工头可以帮忙组织工人。大飞哥只要跟工头说好什么时间需要多少个工人，工头就会提前找好人，约定在某个地点集合，到时大飞哥再开车过去接人。工钱的结算，也是跟工头统一结算。一般来说，大飞哥不太愿意找跟果农同村子的农民来帮忙，因为他们和果农相互认识，在挑果的时候就很可能放水，很不好管理。

说到农业工人，大飞哥突然有点眉飞色舞，原来他曾经干过一件跨省劳务输入的大事。实际上，在花村，农业用工需求量最大的是拔花生这个活。因为家家户户都种了不少的花生，一到拔花生的时候，谁都需要请工，在本地你是找不到闲人的，一般都要从隔壁县市引入农业工人，每天工价要180元。有一年，大飞哥在菏泽收西瓜，发现当地拔花生的工价相当便宜，一个工一天只要五六十元。他试探性地问当地的工头，愿不愿来花村拔花生，每天 100 元工价，结果当地农民都非常踊跃。

就这样，大飞哥兼职干起了跨省的工头。因为花生成熟的时间不同，花村要拔花生的时候，菏泽那边的农民还都比较闲，时间上刚好可以错开。大飞哥自己租了个大巴车，到菏泽把当地一百多个农民拉过来，包吃包住。住的地方是大飞哥找村里要的一个空置的粮仓，装水装电，简单住一下完全没问题。吃的呢，大飞哥专门请了两个厨师给他们做饭。扣除各种成本算下来，大飞哥每天从每个农业工人那里可以赚到 10 元，总共可以搞 10 多天，总共也能够赚个 1 万多元。

就这样愉快地干到第三年头，没想到出了幺蛾子。有一天，一家农户从大飞哥那里用拖拉机拉走了一批农业工人，结果拖拉机翻车，把几个工人给弄伤了。大飞哥听到消息后，赶紧报了警，同时把伤员送到医院治疗。这在当时也算是个头条新闻，县里的领导、花镇的书记都亲自出马到医院看望伤员。还好这些菏泽的农民兄弟都很 nice，把伤治好，领了工资和补偿也就回家了。伤员治疗的医药费和补偿，最后都是那个开车的农户出的钱，总共花了十几万。虽然大飞哥并没有受到什么指责，但是想想都后怕，因此再也不搞这种跨省的劳务输入工作了。

老板是金主

扯远了，扯远了！大飞哥突然发现话题跑偏了，羞涩地挠了挠后脑勺，继续回到水果代办的故事中。

为了保证水果的新鲜度，客商一般都会用冷藏车，使温度维持在 3—5 度。前阵子，大飞哥还专门跟村书记说了，村里要建个冷库才好，这样你水果放一个晚上第二天再装车也没问题。运输车辆的费用是由客商支付的，大飞哥只负责从市场上叫到冷藏车。即使水果到南方的市场晚了，也是由司机负责，跟大飞哥没有关系了。

实际上，对代办来说，最重要的是要处理好跟南方老板的关系，毕竟他们是金主。一般来说，老板会先给大飞哥一两千块钱作为定金，收到定金之后，大飞哥再去农户家里收果子。除了熟识的关系户，大飞哥也会在各种水果微信群里留意相关信息。在这些大大小小的西瓜群、桃子群、李子群里面，各色人等都有，除了农户，还有微商，还有各地的代办。在大飞哥看来，群里的代办们之间也没有太多的竞争，毕竟各做各的市场，各有各的关系户。

装好车之后，老板支付了剩余的水果钱以及给代办的服务费，就可以发车了。给代办的服务费，有的是按斤算，每斤 1 毛钱。关系好的，特别是长期有生意往来的老板，大飞哥愿意按车来结算。比如说，6.8 米和 7 米长的大车能装 2 万斤左右，一车给服务费 1500 元；4.2 米长的小车能装 1.3 万斤左右，给 1000 元服务费。看起来大飞哥是吃了点亏，但是能细水长流才是关键，大飞哥觉得做人做事要大气一点，老板才愿意跟你长期合作下去。

代办因为都是以家庭为单位来开展业务，因此一般都不会跟太多的老板接触。生意是做不完的，就算你想扩大业务，你的人手也不够，请太多人来帮工也不划算。所以，代办一般就跟两三个业务量比较大的老板保持长期合作关系，生意好的时候再接一些其他老板的临时单。说真的，你代办合作的老板太多，老板也是不乐意的。因为在同一个时空条件下，好的水果总是稀缺的，你如何在几个老板之间分配这些果源而不引起争议呢？给这个老板好的水果，意味着给另一个老板的只能是差一点的水果，后面这个老板很可能下次就不跟你合作了。

早些年，南方的老板来收水果，一般都是住在代办家里，跟代办同吃同住同劳动。后来关系好了，一些老板就在县城宾馆住着吹空调，把看果收果的活都交给代办处理。老板只要打打电话，负责付钱就行了。甚至关系更好的，老板都不用亲自过来，直接让代办把水果发到南方去。但是这也有风险。有一次，广西的一个老板让大飞哥发了几车西瓜过去，因为关系都比较好，大飞哥也没有提前收款。结果老板把瓜收了，却不给钱，总共欠了8万多。果农只认代办，整天来家里要钱。大飞哥气坏了，自己往广西跑了两次，也报了案，结果还是找不到老板。这样的事情，在早些年常有发生，农民吃了哑巴亏，欲哭无泪，只能深夜里借酒浇愁。

几次之后，代办们都明白了，生意就是生意，别扯太多没用的感情。你老板的钱不给到位，我就不给你发车，关系再铁也没有用。被信任的人伤害过的心脏，很容易长出坚硬的外壳。当你在事业刚起步的时候被称兄道弟的人骗走8万元，你就明白了。说到伤感处，大飞哥也流露出中年男子的忧郁，手中那颗布满褶皱的桃核，被狠狠丢进了垃圾桶。

失败的联盟

好在最近这些年，大飞哥不是一个人孤军奋战。他把当年一个玩得好的小学同学拉入伙，就想着哥俩可以携手大干一场。之前，老同学一直在遥远的福建省打工，在那个香火缭绕的外乡一待就是十几年。后来年龄渐长，思乡日切，就收拾铺盖回到花村。

什么"思乡病"，听他的鬼话，还不是年龄大了，在外面没人要了才溜回来的。大飞哥见人就讥讽他的老同学，仿佛这样可以衬托出他当年选择留在村里当农民是多么的英明。

老同学回家后，呼吸着田野里自由的空气，也想着能不能在人生的后半程再拼他一把。在外乡待久了，回来种地有点手生，而且总感觉有点"失落"。直到有一天，大飞哥找他喝酒瞎聊，喝到人五人六的时候，两弟兄总算擦出了火花。他们决定联手把水果生意搞起来，从前端的果农，到后端的批发，一条龙串起来。

在代办这一行摸爬滚打这么些年，大飞哥门清得很，干水果这一行的，真正有可能赚大钱的就在批发那个环节。也就是大飞哥热情服务的那些南方老板们，只要市场价格好，他们的批发量上得来，一年赚个几十上百万也不是不可能。而作为代办，大飞哥充其量只能赚到稳定的服务费，本质上就是个苦力钱，要想赚大钱那几乎是不可能的。

这水果生意的大钱，凭什么只能南方的老板赚得，我们花村的农民就赚不得？这个念头在大飞哥的心里已经盘旋了几年，直到在外闯荡多年的老同学返乡，大飞哥才发现了一个有可能扭转局势的商业模式。商业模式是这样的：大飞哥继续在前端做代办，挑选上等的果子，凭借多年的经验，他对周边的果农和他们种出来的水果品质算是比较了解的，在哪片林子可以收到好的果子，大飞哥心中有数，这是他的优势所在；老同学则负责跑南方的批发市场，将大飞哥收到的好果子直接卖到市场去，也就是承担起原来南方瓜商的角色。在大飞哥看来，老同学虽然没干过批发行业，但是这么多年在南方打拼，至少胆量是有的吧。

第二天酒一醒，大飞哥和老同学望着对方的眼睛，再次确认他们的联手方案不仅仅是酒桌上的戏言，而是来真的。于是，老同学立马给隔壁老王打电话，答应了前天老王提出要租他家土地的请求。

说干就干，一干就是三年。哥俩之间的合作，也算是默契了。然而，就算是中年男人之间的默契合作，也没能打动市场这个朝三暮四的妖孽。做水果生意就跟赌博一样，大飞哥和他的中年同学越来越强烈地意识到这个令人伤感的道理。

2019 年，大飞哥和老同学合作卖了 30 多车的桃子和李子。当时桃子的收购价格是 1 斤 2 元，从花村运到福建，成本是每斤 0.5 元。到了福建，老同学还要找当地的代办帮忙把桃子卖出去，服务费也是 1 斤 0.1 元。桃子卖出去的价格是 2.7 元上下，如果是 2.7 元 1 斤，大飞哥和老同学还可以每斤赚 0.1 元，但是这就跟大飞哥自己在家里做代办是一样的利润，考虑到增加了老同学的成本，他们联手的战绩还不如大飞哥单打独斗。如果能卖到 2.8 元，则大飞哥组合可以每斤赚 0.2 元，利润翻倍，但是跟老同学一平分，大飞哥赚到的跟自己单打独斗是一样样的。如果只卖到 2.6 元，那就相当于亏本了。平均下来，大飞哥组合并没有比之前单打独斗更赚钱。

然后是李子，情节更惨烈。老同学到安阳收李子，收购价格是 0.6 元 1 斤，搞了 9.6 米长的一大车，总共 3 万斤。老同学也是跟车到福建，算上运输成本和当地代办的服务费，每斤至少要卖出 1.2 元才能回本。结果，老同学了解了一下市场行情，1 块钱都卖不出去。老同学眉头一皱，赶紧跟大飞哥通电话商量，最后决定转战江西。结果江西人民也表示不感兴趣。没办法，继续转战到广东梅州。梅州人民看着快坏掉的李子，内心表示同情，但是只愿意接受 1 斤七八毛钱的价格。虽然心里很痛，但是大飞哥组合最后还是决定把李子留给梅州。实在是不能再拖了，按这形势，越拖越掉价，及时止损方为上策。结果算下来，大飞哥组合亏了 2 万多元。后来，他们借酒消愁，相互安慰，肯定是市场还不能接受这种口味的李子。这狗日的市场！

如果你以为市场的浪荡就到此为止了，那说明你太天真。大飞哥用手托着额头，摇了摇头，竟无语凝噎。因为时间来到了2020 年，新冠肆虐元年。这一年，桃子的开局就很不好看，从收购价就可以窥见端倪：黄桃 1.7 元，油桃 1 元，毛桃 1 元多一点。单单花村的农民就种了一两千亩桃子，大飞哥也种了 10 亩，都到了丰收期，每亩可以产三四千斤，本来都等着卖个好价钱。结果价格最好的黄桃也就最开始达到 1.7 元，后来就一路狂跌，只剩下惨兮兮的几毛钱。在大飞哥的记忆中，以前情况再差，桃子的收购价也得 1 块钱以上。稍后上市的李子，同样卖不动。

疫情之年，大概有 99% 的果农要亏钱，这是大飞哥的判断。为什么会这样呢？因为经济不景气，整个市场消费能力都下滑得厉害。你看，学生都在家里读书，工人很长一段时间也没有工可以打，市场上来买水果的就没什么人。对于大飞哥来说，这一年往外发出去的水果量也减少很多。作为代办，赚的主要是服务费，实际上只要有量，他们都可以稳赚。还好这一年大飞哥没怎么让老同学跟车到南方自己卖，而是继续给五六个老板做代办，因此还是赚到了稳稳的服务费。

建立一个市场闭环

那么，大飞哥组合是否应该宣告失败了呢？从这几年的经营情况来看，即使说不上大亏，也说不上赚钱。大飞哥和老同学，一边对接果农，搜寻好的果子，一边对接市场，把果子直接卖给市场，为什么这种联合模式反而不如大飞哥单打独斗来得赚钱呢？

先说市场端。大飞哥组合虽然直接把果子卖给市场，但是他们对接的依然是变幻莫测的庞大市场，而不是具体的消费者。而现在这个水果市场是一种低价竞争的体制，在信息不对称的情况下，价格低的果子往往更受市场欢迎。因此，即使大飞哥组合真是卖的好果子，他们一旦参与到整体的市场竞争之中，就必然要遵循低价竞争的市场体制，而无法形成更高价格，更无法形成自己的声誉积累。除非他们能够将最末端的中高端消费者组织起来，形成一个产品与声誉双向累积的市场闭环。这样，消费者就可以基于对大飞哥组合提供的水果质量的信赖而心甘情愿支付更高的价格。

再说生产端。大飞哥以为自己已经掌握了果农和好的果子，实际上，他对接的依然是变幻莫测的农业生产决策，而不是跟自己具有强利益关联的果农。换言之，大飞哥根本无法左右果农的生产决策，果农想种什么就种什么，想怎么管理就怎么管理，大飞哥只能去适应他们的节奏，而无法将他们转化成具有共同利益的战友。因此，大飞哥始终无法确保果农每年能够给他提供什么品种、什么质量、多少数量的果子，尤其是质量难以保障，必然导致末端的消费者难以对大飞哥组合提供的水果形成稳定的预期，也就无法形成更高的价格和声誉积累。

那么，谁在左右果农的生产决策呢？表面来看是南方的老板，本质上是变幻莫测的市场，今年市场上什么水果卖得好，第二年果农就会一拥而上抢着种植；今年市场上什么水果滞销了，第二年果农就会一股脑儿抢着砍树。结果，果农总是慢市场一拍：第二年大家都种，供给多了，市场价格就低；市场价格一低，第二年大家都不种，供给少了，市场价格又高起来；循环往复，就像过山车。除非你有能力预测下一年哪种水果会成为爆款，但是这就像买彩票一样，你只能赌着玩。

当然，如果果农运气比较好，刚好身处某类水果的主产区，那么你年年种这种水果肯定也能卖出去。毕竟优质的客商都会跑主产地去收水果。而对于非主产区的果农来说，即使你种出来的果子很好，也不会吸引到优质的客商。比如花村就不是桃子、李子的主产区，虽然大飞哥认为花村的桃子李子更好吃，那也卖不出好的价格。

令人绝望的是，有时候就算是某种水果的主产区，随着竞争者的崛起，也有可能逐渐蚕食掉原来主产区占领过的市场。花镇就是这样一个悲催的案例。在 20 世纪 90 年代的时候，在地方政府的大力支持下，花镇西瓜一度名扬天下，占有大量的南方市场。后来，其他地方的西瓜也纷纷发展起来，大量挤占花镇西瓜的市场。

受气候的影响，广西的西瓜是 5 月中下旬上市，而花镇西瓜是 6 月上旬上市，这个时候往往广西的西瓜还没有下市。一旦两个地方西瓜的上市时间交叠，你就很难卖出好价格，比如 2018 年就是这样。然后 6 月底 7 月初是河南的西瓜大规模上市，有时候它 6 月中旬甚至更早就上市了，就会跟花镇的西瓜相撞，进一步影响花镇的价格，比如 2020 年就是这样。2019 年的花镇西瓜之所以价格有所上扬，是因为广西的西瓜很早就卖完了，而河南的西瓜也还没有上市，结果花镇西瓜就一枝独秀了。

关于水果的上市时间，除了与气候所影响的成熟度有关，更与人为的提前上市有关。在低价竞争的市场体制中，越早上市的水果往往价格越高，上市越慢，价格越低。因此，各个产地都恨不得提前上市，结果就造成了市场拥挤和价格低下。在 20 世纪 90 年代的花镇，西瓜的瓜期有两三个月，是分批次上市的，基本上是成熟度够了才上市。到现在，大家为了赶上市，所有西瓜不管成熟度够不够都一起上市，使得瓜期只剩下一个月。其后果就是，你在市场上买到的水果，基本上都是成熟度不够的，都不是好吃的果子。

所以，曾经作为主产区的花镇农民，现在对西瓜已经丧失了信心。政府也不敢倡导农民种些什么水果，结果果农就天天看自己的手机信息，发现什么水果好卖就跟风种，种的作物五花八门，也形成不了规模优势。你比如说珍珠早油桃，2020 年的时候，原产地山西的收购价格是 3 元，而在花村，其实果子的口感更好，但是 5 毛钱都没人要。就因为人家原产地有种植规模，有品牌声誉。过两年，花村农民发现这个品种的水果卖不出好的价格，就会将果树砍掉，改种其他新的水果，幻想能够赌赢一回。

大飞哥组合，在两端都没有抓牢，而且也没有其他南方老板比较成熟的批发渠道，自然就有很大的市场风险。如果只是老老实实给南方老板做代办，至少可以安安稳稳赚到服务费，说到底这就是个苦力活，不需要靠运气。

如果能够把前端的果农、中端的批发商和末端的消费者组织起来，形成一个市场闭环，确保在这个闭环里面流通的都是好的水果，那么就可以形成生产者、流通者、消费者之间的信任积累，形成较高的价格，从而打破现有的低价竞争市场。较高的价格一方面能确保消费者对较高品质水果的需求，同时能够给流通者和生产者更高、更稳定的收入预期，使得果农愿意安心管理好水果而不是随意改种、随意管理，也使得像大飞哥这样的流通者能够更方便找到好的果农和果子，将好的水果与市场上对中高端水果的需求有效对接起来。

也许只有这样，我们才能够真正吃到好的水果，而大飞哥组合以及他们的果农朋友，也不再需要天天过着赌徒一样的生活。

躁郁的棉花

堆积的棉花

啃完那个大桃子之后，大飞哥决定把两头尖尖的桃核丢到马路边上的垃圾桶里。废弃的桃核划出一道弧形的抛物线，掠过大飞哥家门口堆积如山的棉花，哐当一声落入垃圾桶。

正中目标的喜悦，让大飞哥忍不住嘴角上扬。可是一瞥见那一堆去年收上来的棉花，大飞哥微扬的嘴角凝固了，又慢慢往下低垂。

是的，大飞哥不仅仅是远近闻名的水果代办，而且也是花村硕果仅存的棉花贩子。几乎是从西瓜代办开始，大飞哥就开始收购棉花，算下来也有十多年的历史了。往前推四五年，花村至少还有十几号人在收购棉花，后来这些竞争者逐渐退出这个行当，到现在只剩下大飞哥一个人孤军奋战。甚至在整个花镇和周边的乡镇，能坚持下来的棉花贩子也是屈指可数。

中国棉花的主产区在新疆，大飞哥不在新疆，他所在的省份也属于内地比较重要的商品棉产区。这些年来，关心棉花生意起起落落的远不止大飞哥一个人。2021 年 3 月，距离大飞哥相当遥远的瑞典，一家知名的服装品牌商发表声明，表示他们店坚决不从新疆地区采购棉花，引发了全国上下的热议。在此之前的 2020 年，美国众议院就通过了禁止新疆棉制品的立法；2021 年 1 月，美国海关与边境保护局（CBP）发布公告，禁止进口所有来自新疆地区的棉花，包括从第三国家加工的相关产品。2021 年 3 月，欧盟也宣布效仿。

这看起来洁白无瑕的棉花，之所以引发国际间的掐架，是因为它承载着巨大的商业利益。二十年来，中国一直是全球棉花生产大国、纺织品服装制造消费和出口大国。据国家统计数据，2020 年中国棉花产量 591 万吨，仅次于印度；2020/2021 年度棉纺织消费原棉 810 万吨，位居全球第一；2020 年服装鞋帽、针纺织品类商业零售额 1.35 万亿元，出口 2.0215 亿元，位居全球第一。

堆积在大飞哥门口的那些棉花，是比较常见的细绒棉。不仅仅在中国，就是在世界上也是分布最广的棉种。细绒棉原产于中美洲墨西哥南部的高地及加勒比海诸岛，适于在广大的亚热带、温带地区种植。19 世纪末期，中国开始从美国引入细绒棉。在此之前，大飞哥的祖先们已经有悠久的植棉历史，他们在 2000 多年前就从国外引进了粗绒棉，包括树棉（亚洲棉）和草棉（非洲棉）。粗绒棉在中国棉花种植史上时间最长，形成的农家品种最多，但是使用价值和单位产量较低，到 20 世纪 50 年代中期逐渐被细绒棉所替代。现在，细绒棉约占中国棉纤维总产量的 98%，占世界棉纤维总产量的 85%。

虽然从事棉花收购生意那么多年，大飞哥也很难接触到另外一种棉花，长绒棉。这大概是"棉中贵族"，产量低，分布少，在中国也只有新疆部分地区种植。新疆种植的长绒棉是典型的中亚埃及型海岛棉，江湖人称"棉花中的精品"，一般用于纺高档纱或特种纱。

在一堆棉花面前愁眉不展的大飞哥，大概不曾想到，眼前这些鸡肋般的农产品曾经在人类历史发展中发挥着至关重要的作用。在清华大学的文一教授看来，英国之所以首先发生工业革命，正是因这个国家选择了棉纺织业成为它的主导产业。而之后成功完成工业革命的国家包括法国、德国、意大利、美国、日本、韩国、中国等许多国家和地区，棉纺织业都是这些国家完成工业革命的先导产业。

市场的赌局

中华人民共和国成立以来，国家一直把棉花当作最重要的物资之一而严加管控。出生于 1970 年的大飞哥，相当完整地经历了中国棉花产业政策的几个重要阶段。1954 年，中央颁布《关于实行棉花计划收购的命令》，凡生产棉花的农民应按照国家规定的价格将所产棉花除缴纳农业税和必要的自留部分外，全部卖给国家。棉农自留部分需要出售时，可由供销合作社继续收购。私营棉花商贩一律不得经营籽棉、皮棉的收购和贩运业务。统购统销的政策一直延续到 1984 年，那时大飞哥已经 14 岁，田地已经分到户，他还依稀记得当年帮父母把棉花拉到供销社的情景。

1985 年，政府取消棉花统购统销政策，引入市场调节机制，改为合同订购。《关于进一步活跃农村经济的十项政策》规定，由商业部门在棉花播种季节前与农民协商、签订定购合同。定购以外的棉花允许农民自销，供销合作社按市价收购。但是由于市场调节的滞后性，农民的棉花销路很难打开，其生产积极性受到打击，导致棉花大幅减产。没办法，政府只好恢复统购统销政策。

2001 年，中国正式加入世贸组织，开启了农产品的市场化改革。政府下定决心完全放开棉花市场，实行储备与经营分开的政策。这一年，大飞哥已经 31 岁，成了家，生了娃，而且已经开始涉足西瓜代办的业务。那几年，花镇水果正当红火，大飞哥将大量的精力都投放在上面，只是偶尔采购一下棉花。市场完全放开之后，中国的纺织服装出口量迅猛增长，棉花需求量大增。然而，由于国产棉花在价格和品质方面缺乏国际竞争力，国内棉纺织企业往往将进口棉花作为第一选择，导致国内棉花价格很不稳定，对棉农、棉纺织企业和棉花流通企业都产生了消极的影响。

虽然中国棉花在统购统销时期由国家制定统一的价格，但是1998 年棉花流通体制改革之后，建立了国家宏观调控下的棉花价格市场形成机制，国内棉花价格逐渐与国际接轨①。虽然政府一直采用进口配额及滑准关税制度来平衡国内供需，维护国内棉农利益，但是国内棉价受国际因素的影响仍然与日俱增。尤其是到了2008 年，受贸易、气候、经济及国际棉花产业跨国转移的影响，国际棉花出现供需不平衡，其价格经历了 2009—2010 年的大幅

---

① 王利荣,周曙东.国内外棉花市场价格的动态关系分析——基于VECM模型[J].国际贸易问题,2009(11):26–31.

上涨，进而带动中国在内的棉农大量增加种植面积，导致 2011 年国际棉花价格又快速回落[①]。

正是看到棉花价格的大起大落，大飞哥那几年并不愿意过多涉足棉花收购这一行当。这无异于赌博。特别是相较于西瓜代办这一旱涝保收的优势，大飞哥对棉花更提不起兴趣。

国家的收储

事情在 2011 年发生了戏剧性的反转。这一年，大飞哥 41 岁，他的人生又一次迎来了新的高潮。他没想到，主角是之前一直没瞧上的棉花。

为了保护国内棉农利益，稳定棉花生产，国家发改委联合财政部等 8 部委于 2011 年联合发布《2011 年棉花临时收储预案》，在新疆、天津、河北、山西、江苏、安徽、江西、山东、河南、湖北、湖南、陕西、甘肃 13 省（区、市）棉花主产区实行临时收储政策。临时收储政策制订了国家储备的标准级皮棉等级到库价格及其他等级皮棉收储价格，要求中国棉花协会根据皮棉收储价格、棉籽等副产品价格以及皮棉籽棉折算公式、相关合理参数测算籽棉收购参考价，向社会公布，国储棉运营盈亏由中央财政统一负担。

由于国家收储棉花的价格有保障，而且普遍高于市场价，因此棉农都愿意将棉花卖给国储。大飞哥兴奋地回想到，国家收储那几年，他们那里的国储价格最高可以达到 19800 元 1 吨。籽棉

---

① 张立杰,玛依拉·吐尔逊.棉花临时收储政策对稳定棉花价格保护棉农利益作用分析[J].江苏农业科学,2015,43(10):529–532.

的收购价格也涨了不少，棉农卖给大飞哥每斤能有 3—4 元。扣除成本算下来，农民 1 亩地的棉花可以赚 1000 多元，刚好抵掉西瓜种植的成本。在花村，棉花是套种在西瓜地里的，在当地农民看来，棉花的功能就是用来抵消西瓜的成本，这样西瓜的毛收入就是纯收入了。

在这一大好形势下，大飞哥作为棉花贩子，每收购 1 斤籽棉就可以赚 3—5 分的利润。每天，大飞哥可以往外卖 10 车棉花，每车 10 吨（2 万斤），合计 100 吨（20 万斤）。按照 1 斤 3 分的利润，大飞哥一天就可以赚 6000 元，这在十年前可是不小的一笔收入。大飞哥有点神气地转着手中的桃子。是啊，那个时候他收购棉花，可以连续搞四个多月，就算每个月只干满 10 天，每天 100 吨，那一个月就有 1000 吨，四个月就有 4000 吨，一年下来，大飞哥可以赚 24 万元。实际上，按照大飞哥勤劳的品性，一个月不可能只干 10 天。

在价格的刺激下，大飞哥和他的同行们自然都争着把收上来的棉花卖给国储。结果，新政实施的头一年，全国的国储棉就收购了 313 万吨，占全国棉花产量的 47%；第二年，国储棉收购量猛增至 634 万吨，占全国棉花产量的 90% 以上①。大规模的棉花进入国储之后，会出现什么情况呢？

---

① 乔林生. 棉花临时收储成了市场包袱 [N]. 期货日报，2013–08–16(006).

最初的目标

棉花临时收储政策，初衷大概有两个，一是要稳定国内棉花市场价格，减少纺织企业采购和生产成本的剧烈波动；二是保护和提高农民种棉的收益与积极性。

先来看看棉花市场价格。前文只是讲到国内外棉价差距大导致国外棉花的进口量大增，那么实行国储之后，国内棉花市场价格是否更稳定呢？据研究，在没有实行临时收储政策的2008—2010年，棉花价格的年度波动系数达到了7%以上，在价格波动较大的2010年甚至达到了15%以上；而实行临时收储政策的2011—2012年，棉花价格的年度波动系数均低于3%，可见，棉花临时收储制度确实实现了稳定国内棉花价格的目标[①]。

虽然棉花临时收储制度的实施确实可以稳定国内棉花价格，但是在棉花产业链中，棉农与棉花加工企业之间在市场资源、信息、利益分配等方面具有明显不同的地位。这两个交易主体之间存在利益博弈，虽然棉花临时收储制度明确了皮棉收购的最低价格，但这样的规定在保护棉农利益方面的作用有限，临时收储制度产生的利润更多地分配给了棉花加工企业，棉农的生产积极性并没有得到充分的激活[②]。数据显示，2013年我国棉花种植面积为6846万亩，十年来首次低于7000万亩的水平。当然，由于国家收储在整体上抬升了棉花价格，而且价格相对稳定，虽然棉农

---

① 张立杰，玛依拉·吐尔逊.棉花临时收储政策对稳定棉花价格保护棉农利益作用分析[J].江苏农业科学，2015, 43(10): 529–532.

② 张立杰，玛依拉·吐尔逊.棉花临时收储政策对稳定棉花价格保护棉农利益作用分析[J].江苏农业科学，2015, 43(10): 529–532.

从中获益要少于棉贩子和棉花加工企业，但是依然要强于没有国家收储的年代，这一点在2014年取消收储制度后表现得相当明显。

棉花临时收储制度在稳定国内棉花价格、保护棉农利益方面起到了一定的作用，但是它带来的问题似乎更多。

意外的后果

首先是国家的财政负担急剧增大，甚至成为一个大包袱。据推算，到2012年的时候，国储棉的总库存已经超过800万吨，占有国家资金约1600亿元，每年国家要支付的资金利息、仓储费，以及国储棉高收低抛的损失在300亿元左右^①。

更为严重的影响是导致棉花大量进口，对国内棉花产业链造成冲击。由于国产棉花大部分进入仓库，使得市场上可供流通的棉花资源稀少。而且国家是以明显高于市场的价格大规模收储，只能按照较高的价格抛售，致使国内棉价高企。相较于国储棉抛售的高价格，那些年国际棉价持续走跌，国内外棉市价差巨大，从而削弱了国内棉纺企业的国际竞争力。海关公布的统计数据显示，2012年我国进口棉纱152.79万吨，同比增长了68.93%。一方面国产棉大量积压，另一方面进口棉纱、进口棉花数量庞大。

国储棉高价收购托高了国内棉价，并使得国内外棉市价差长

---

① 乔林生. 棉花临时收储成了市场包袱 [N]. 期货日报，2013-08-16(006).

期保持在 4000—6000 元 / 吨，最终导致沿海地区服装企业青睐于进口棉纱，纺织企业大量使用进口棉花，而没有得到进口配额的中小型纺织企业只能关门停产或倒闭。从郑棉期货市场的表现来看，在国家收抛储棉花政策的调控下，郑棉期市成交清淡，日成交量仅维持 2 万手左右，盘面持仓量在 12 万手左右，远低于交易活跃时期 300 万—400 万手的日成交量和 50 万—60 万手的持仓量①。

此外，国家收储政策也影响了棉花的品质。以江苏南通市为例，2011—2016 年该市纤维检验所对辖区内参与棉花检验质量改革的加工企业生产的皮棉逐包检验，发现不收储的三年（2014—2016 年）相对于收储的三年（2011—2013 年）有更多的棉花适合纺高支纱，棉花使用价值更高，棉花马克隆值分布更好。其中的原因有可能是，收储期间各棉花加工厂为了获得较大幅度的加价，使用皮棉清理等加工工艺提高颜色级，但过度使用皮棉清理工艺，可能损伤棉花纤维长度②。

有业内人士认为，棉花临时收储政策原本想要稳定国内棉花市场价格、保护和提高农民种棉收益与积极性、防止纺织企业原料采购与生产成本剧烈波动，其结果却是国家财政负担沉重、纺织企业难以生存、棉花品质下降。

① 乔林生 . 棉花临时收储成了市场包袱 [N]. 期货日报 ,2013–08–16(006).
② 戈磊 ,臧扬 ,彭磊 ,成广明 . 国家收储政策取消前后江苏南通棉花品质对比 [J]. 中国棉花 ,2017,44(09):19–21.

低迷的价格

在众多的反对声中，实行三年的棉花临时收储政策于 2014 年 4 月宣告结束。除了在新疆开展棉花"目标价格补贴"试点工作外，当年 11 月，有关部门确定内地棉花补贴范围包括山东、湖北、湖南、河北、江苏、安徽、河南、江西和甘肃 9 省。2014 年度的补贴标准为 2000 元 / 吨，之后年度的补贴标准以新疆补贴额的 60% 为依据，上限不超过 2000 元 / 吨。当然，补贴方式由各省份自主决定，可选择按面积或按产量进行补贴。

取消棉花收储政策而施行价格补贴之后，国家财政负担有所减轻，纺织企业的生存困境也有所缓解，然而棉农面临的生产成本高企的问题依然无解。有人测算过，按照正常年份平均产量为 500 市斤每亩，2014 年棉花贩子进村收购籽棉的价格是每市斤 2.6—2.9 元，则 1 亩棉花的毛收入只有 1400 元左右；而棉花的生产成本是 1335 元左右，这还没有考虑土地流转费用、土地贫瘠程度等因素[1]。

大飞哥叹了一口气，四五年前花村还有十几个人收购棉花，现在也就剩下他一个人在坚守了。最主要的原因就是农民种棉花不赚钱，又辛苦，因此纷纷弃种。据全国棉花综合试验站示范县开展的全国棉花生产和市场监测，2020 年 5 月底监测长江流域棉花种植面积同比下降 14%[2]。全年来看，2020 年全国棉花播种面积

---

[1]　程醉. "棉棉" 相睹——临时收储政策取消后棉花产业思索 [J]. 中国纤检, 2015(03): 46–49.

[2]　程景民. 基于政府与市场关系的 "后疫情时代" 棉花产业政策发展分析 [J]. 世界农业, 2020(11): 37–42.

3169 千公顷，为近十年来最低。事实上，2015 年从 4000 多千公顷降下来之后，棉花播种面积就持续减少。2020 年棉花产量 591 万吨，跟前五年差不多，2015 年从 600 多万吨降下来之后，除了 2018 年达到 610 万吨之外，这几年都维持在 500 多万吨。

有趣的是，取消棉花收储政策之后，棉花加工企业相对于棉农和棉花贩子的谈判力日增，特别是在国外棉花的价格普遍较低的情况下，国内棉花的价格一路走低。这一点大飞哥有切身的体会，当年有国家收储的时候，棉花收购价是三四块钱每斤，现在只有一两块钱。这样的低价，大飞哥作为中间贩子也很难赚到钱，他只能先把棉花囤起来，等着价格涨起来之后再卖出去。

问题是，市场价格似乎一直都没有抬头的意思。实际上这几年的棉花行业都不太景气，大飞哥所在的县城，原本有三家棉花厂，这几年都陆续倒闭了。周边县城的棉花厂也倒闭了很多，大飞哥跟棉花厂之间几乎没有谈判空间，因为他能够选择的余地极小。

农业的生意

事情就是这样，倒霉的时候往往会越来越倒霉。像大飞哥这样的小贩子，并没有专门的仓库来储藏棉花。一袋一袋的棉花只能堆放在家里，要么是堂屋，要么是卧室，要么是阁楼。大飞哥眼下还有 50 吨棉花没卖出去，堂屋放不下，只好堆在门口。这样的储藏方式实际上是很不规范的，很容易引发火灾。即使没有火灾，这些堆积在家里的棉花也会沾染灰尘、油污等杂质，导致棉花品质的下降从而进一步影响棉花的出售价格。据了解，农民把籽棉囤积在家里一年，品质最少下降一个等级，每吨籽棉的价格也会降低六七百元①。

在这个行当折腾多年，大飞哥自然明白这个道理。因此，他的棉花最多只在家里保存六个月，六个月内一定要想办法处理掉，即使要亏一点钱。否则等棉花开始发黄，你的损失会更大。

2020年新冠肺炎疫情在全球暴发，直接造成了全球人、财、物的流动性降低，各国经济普遍低迷，这对于棉花市场来说无异于雪上加霜。一方面是国内外纺织服装商品的消费需求骤减，另一方面则是棉花交易价格下跌。据农业农村部市场信息监测，2020年5月，国内B级棉花平均价格同比下跌23%②。

虽然这些年收棉花不太挣钱，甚至会亏钱，但大飞哥还是决定继续做下去。他考虑的不仅仅是棉花这一单生意，而是包括瓜果在内的其他代办生意。在花村，农民会在西瓜地里套种棉花，你收了人家的棉花，别人自然也愿意把好的西瓜以及其他水果卖给你。收棉花不一定赚钱，但是代办瓜果则是稳赚不赔的生意。况且，即使是收购棉花，农民也同意你先欠一部分钱，等棉花卖出去之后再给钱。因此对于大飞哥来说，压力也不算太大。

除了棉花和瓜果，大飞哥同时也向农民收购玉米、小麦和水稻。2019年的时候，大飞哥收了100多万斤的玉米，30多万斤小麦，100多万斤水稻，赚的是代办费用，每斤1分钱利润。算下来，大飞哥代办粮食的收入在3万元左右。棉花呢，平均下来

① 程醉. "棉棉"相睹——临时收储政策取消后棉花产业思索[J]. 中国纤检, 2015(03): 46–49.
② 程景民. 基于政府与市场关系的"后疫情时代"棉花产业政策发展分析[J]. 世界农业, 2020(11): 37–42.

每年大概有 1 万元的利润。瓜果代办是收入的大头，一年能有
24 万元左右。此外，大飞哥还种了 60 亩地，既有粮食也有瓜果，
一年的收入是 30 万元左右。加起来，大飞哥的年收入能达到 60
万元左右，而棉花的直接贡献几乎可以忽略。

　　虽然有时候心情会受到棉花生意的干扰，但是在大飞哥的农
业生意中，整体来说还是比较平稳的。秘诀有两个，大飞哥眯着
眼睛笑道，一个是要有适度规模的土地用来搞生产，有地在手，
心中不慌。另一个秘诀则是，宁愿赚微薄的代办费也千万不要做
中间商想赚快钱，因为你赚不到。

疲软的西瓜

河南人的瓜

1994 年的某个清晨，阿布在村口遇到了几个陌生人。那一年，阿布 25 岁，女儿刚满 3 岁。当时的他怎么也想不到，这几个陌生人将彻底改变他和花村的命运。

后来，阿布才从隔壁老王那里了解到，那几个陌生人是河南人，为了逃计划生育躲到花村。到现在，阿布也不是特别理解，为什么他们千辛万苦地非要生个儿子，仿佛不生个儿子，这生活就没有意义似的。阿布就从来没有这样的困扰，就算是只生一个女儿，同样是很好的，也没人会说你什么。

年轻的河南人来到花村之后，包了一些田地，开始种西瓜。阿布和其他村民看着都觉得很新奇，他们祖祖辈辈种植粮食作物，西瓜这玩意，见是见过，却不知道是怎么种出来的。一有空，阿布就到河南人的西瓜田里瞅瞅，看看这些绿油油的藤蔓是怎么长出大西瓜的。

当年，河南人的西瓜就卖出了好价钱，成为村里热议的一件大事。第二年，阿布和几个胆子大的年轻人就决定跟河南人取经，跟着他们种西瓜。吃了饭，喝了酒，河南人颇为热情地向阿布他们传授西瓜种植的技术。

虽然知道河南人早晚是要回去的，毕竟这是异乡，但是阿布没想到分别的那一天来得那么突然。那一天，村里的几个小混混跑到河南人的瓜田里搞破坏，每个瓜都给戳爆了。为这，年轻的河南人跟小混混们狠狠打了一架。打完架，河南人知道花村是待不下去了，第二天就匆匆离开了。

代办是个兼职

时间来到了 1996 年，阿布和其他几个年轻人种的西瓜已经像模像样了。这一天，有个省会的老板来花村收瓜。看着阿布家的西瓜种得不错，人也踏实，老板就委托阿布帮忙收瓜。于是种瓜人阿布就这样成了西瓜代办。代办这工作，其实就是个兼职，也就是收瓜那阵子帮外地老板联络一下瓜农，赚一点功夫钱。

那个时候，瓜多老板少，直到 2002 年都是这样。收瓜时节，瓜农只能在家等老板过来，就像待嫁闺中的少女，焦虑中带着些许兴奋。农民还没有用上手机、电脑这些新鲜玩意，对外面的市场一无所知，只能等老板带着消息过来，才知道当年西瓜行情如何。阿布还记得，那些年的老板除了省会来的，主要都是湖南和河南的。这些老板带着货车过来，各自联系自己的代办帮忙收瓜，拉完就走。那时候，每个小组只有两三个西瓜代办。

后来，手机逐渐流行起来，特别是瓜农，几乎人手一部手机。

有了手机，整个世界仿佛就打开了，瓜农跟外部的市场尤其是老板随时可以对上话。加上西瓜行情越来越好，种了西瓜的农民想要种更多，没种西瓜的农民也纷纷种了起来。那几年真是不错，几乎每个种瓜的人都发了财。

当了几年代办，阿布逐渐成了花村西瓜界的名人。因为手中掌握着外地老板的资源，很多瓜农会主动找到阿布，让他到田里看瓜，评估个价格，看能不能联系个慷慨一点的老板。老布对瓜有自己的判断，什么瓜可以卖什么价，几乎也能说个八九不离十。当然，最后还是老板定价。

收瓜互助圈

瓜农和老板对价格没有异议之后，老板就带着司机到村里收瓜。那些年，民风还是相当的淳朴。遇到谁家要收瓜，整个小组都会齐心协力到田里帮忙。当时农民家里只有小拖拉机，一车只能载一千多斤，小组所有的车都需要出动，每家派两个人去帮工。从下瓜、传瓜、称瓜到装瓜，全部是靠农户合作完成的。不仅不给工钱，到了饭点，也是各回各家吃饭，吃完饭继续来帮工，都不需要主家去邀请。其实，帮别人就等于帮自己，这一次你帮他收瓜，下一次他一定会帮你收瓜。

没过几年，西瓜的价格掉了下来，大家都抢着要尽快把西瓜卖出去，越晚卖越吃亏。因此，早前那种"一家收瓜，全组帮忙"的景象没有了。小组内分成了几个班子，关系好的，亲戚朋友合得来的就组成一个班子，相互帮工。一般来说，同一个班子里面，大家种瓜的规模都差不多，瓜多的跟瓜多的一起，瓜少的跟瓜少的一起，求得个平衡。每个班子大概有七八户人家，户数少了，也起不到什么作用。

农户如果跟代办的关系好一点，就更容易把瓜早点卖出去。当然，就算是亲戚朋友，瓜的质量也要过得去才能得到代办的关照。所谓关系好，就是质量同等的情况下优先照顾。就像人和人差别大，瓜和瓜的质量差别也很大，有时候是客观因素造成的，比如气候，更多的时候则跟瓜农的技术和勤劳程度有关。

大家都想要好瓜，差的瓜只能留到最后才卖。作为代办，阿布必须到家家户户去看瓜挑瓜，其他代办或者老板当然也去。一般来说，谁先到农户家看了瓜，只要谈好价格就能生意定下来，也不需要专门签订合同。阿布的生意范围主要集中在花村及邻近的几个村，瓜农也熟悉，瓜量也充足。只有当市场特别紧俏的时候，阿布才会跑到偏远的地方去收瓜。

百家瓜

到了 2010 年左右，代办们已经不用亲自下到田里看瓜了，农民自己会把瓜拉到马路边上的一个交易市场，等着代办和老板来挑瓜。阿布把这称为"收百家瓜"。之所以出现这个变化，主要是因为越来越多的农户开始买大车。特别是那些瓜种得多的农户，比如种个三四十亩，一般都会买个大车。这种大车可以直接开到瓜田里，农户自己把瓜装到车里，两个人一天可以收接近 2 万斤，这是原来十几个人一天的工作量。收瓜效率大大提高之后，瓜农之间的合作就更少了，有大车的人家默默地退出了原有的互助班子，结果，没有大车的瓜农也只能被逼着买大车。到2015年之后，花村80%的农户都已经买了大车。

互助班子瓦解，并不意味着收瓜不再需要帮工，有需要的，只好付费喊一两个人来帮忙。前几年，帮忙装一车瓜的工价是六七十元，现在涨到100元了。

虽然这些年西瓜的行情不咋地，但是对于瓜农来说，也不愁瓜卖不出去。一方面农户可以用大车把瓜拉到市场上，另一方面市场上的代办很多，而且好瓜差瓜都可以走不同的市场卖出去。只要你的瓜熟了，就一定可以卖出去，只是价格有时候低到了底线。

2014年，阿布所在小组开始有人种植桃子，因为毛桃值钱，很多人都疯狂种。阿布没有跟风，而是种了比较多的品种。他太了解水果市场了，孤注一掷的话，很容易摔得头破血流。最近这几年，花村水果种植面积最多的是桃子，其次是西瓜，然后是李子。

赚差价，有风险

现在，很多老板都不需要亲自来看瓜了，完全委托给代办。代办也可以帮忙联系车辆把西瓜送到老板所在的市场，每个车都要现场把账目算清楚。老板会跟代办说好一个价格范围，符合范围的价格，代办可以和瓜农进行必要的谈判。

作为中间人，阿布其实也不容易，在老板和瓜农之间赚差价要讲究。老板会有几个代办，他清楚西瓜的行情，你跟老板报太高的价格，老板是知道的，你想赚他的钱，他就不让你赚钱，第二年他就不找你了。瓜农也会联系几个代办，他们也知道西瓜的行情，而且大家都是乡里乡亲的，你跟瓜农压价，瓜农肯定是不会把瓜给你的。因此，阿布宁愿赚固定的服务费，而不愿意冒着失去老板和瓜农信任的风险赚差价。

西瓜的服务费是1斤2分，虽然不高，但是因为西瓜量大，算下来也不差。桃子的服务费是每斤5分，往年高的时候可以去到一毛、8分。桃子的服务费高，很大程度上是因为收桃子的风险更大，最多不能超过两天就要发车，否则就烂了。

2020年是一个悲催之年，不仅疫情磨人，气候也磨人。疫情的影响一是降低了市场的消费能力，二是不少工厂停工甚至倒闭，这些工厂原来是消费大批西瓜的主力，三是有些地方交通管制过严，货车根本开不进去。气候的影响主要是雨水太多，导致瓜果的产量和质量大大下降。阿布估计，这一年花村大概就卖了原来三分之一的瓜果，很多都烂在地里了。

好在阿布并不全靠这份生意过活，除了搞代办，他还种了不少的粮食作物。手中有粮，心中不慌，这大概是阿布即使身处疫情之年也不会特别焦虑的原因吧。

狂飙的花生

第一桶金

三十多年以后，亮哥的耳边有时候还会回响起，当年小学老师给他们出过的一个谜语。"麻屋子，红帐子，里面住个白胖子"。那个时候的他，怎么也没有想到，有一天自己会跟花生打上交道。

事实上，从学校出来之后，亮哥就想着逃离祖祖辈辈都没离开过的花村，到外面的世界闯荡一番。到南方的工厂打工，亮哥觉得没多大意思，也就是领份死工资罢了。思来想去，亮哥最终决定在老街开个店，专门卖冰箱、空调之类的家电设备。

店面是 2005 年开起来的。那一年 12 月，十届全国人大常委会第十九次会议通过决定，自 2006 年 1 月 1 日起废止《农业税条例》，全面取消农业税。而且，国家还不断增加种粮补贴。种田没了负担，甚至变得有利可图，很多原来因为税费负担过重而抛荒弃种的农民，又纷纷回来找村里要地种。

花村人均耕地多，再加上那几年种西瓜的效益非常好，很多农户都攒了不少钱，陆陆续续盖起了新房。有了新房，自然要置办些家电。老街处于花村和周边几个村的中心，很多年来一直都是老乡置办大宗生活物品的地方。这不，亮哥的店面就在老街的核心位置，那些腰包鼓起来的老乡时不时就会来店里光顾。可以说，开店的第一个十年，亮哥的生意确实红火，他也赚到了人生的第一桶金。

后来，开店的人多了起来，亮哥的生意开始走下坡路。他知道，这样勉强熬下去，恐怕是不会有起色的那一天。随着交通和物流越来越便利，不少老乡已经不屑于在老街消费，而是开着小车直接到县里的大商场购物。更年轻一点的，甚至搞起了网上购物。这样下去，老街店面的生意只会越来越惨淡。于是，亮哥在2015年开始兼着搞花生收购生意，三年后直接把店面关了。

花生的好处

在农村，花生实在不算特别稀罕的农作物。亮哥从小就吃过各式各样的花生食品，炒的、煮的、油炸的，各有各的风味。长大后跟人喝酒，也喜欢就着一盘花生米，这酒和花生米，仿佛青梅和竹马一般，谁离了谁，都显得有些不完整。因为富含油脂、维生素和蛋白质等多种营养成分，花生几乎成为一种国民小菜，而花生油也已经成为很多家庭厨房的必备物品。

作为一种食物，花生在中国的种植历史已经有两千多年。1992年，在陕西咸阳刘启陵墓的考古发掘中，人们发现了十几颗花生果，既有带壳的，也有花生米[1]。不过，花生真正大范围种

---

① 张玉祥. 漫话落花生 [J]. 服务科技 ,1999(06):36–37.

植是在 15、16 世纪之交，人们从南洋群岛引入外来的花生品种，开始在沿海各省种植，后来逐步在黄河、长江流域大面积推广开来①。

受制于品种、交通和市场的因素，在 19 世纪末期之前，花生在中国的生产始终没有得到重大发展。直到光绪后期，这一情况才得到改观。造成改变的一个重要因素是美种大花生的输入与传播。1862 年，美国传教士梅里士（C.R. Mills）将弗吉尼亚型花生引种到山东半岛，这种花生具有产量高、个头大、便收拔以及食用、制油两相宜等品种优势，得到农民的普遍认可和种植，而原来的土种则渐渐凋零②。

只是做了花生收购生意之后，亮哥才真正意识到花生的好处。有一次，他听到小孩在家里朗读一篇名叫《落花生》的课文，说到，"花生的好处很多，有一样最可贵：它的果实埋在地里，不像桃子、石榴、苹果那样，把鲜红嫩绿的果实高高地挂在枝头上，使人一见就生爱慕之心"。

亮哥笑了。在他看来，花生最可贵的是能够给人带来财富。

入行

刚开始收购花生的时候，亮哥并没有多少竞争对手。在老街做这一行的，亮哥是花镇的首家，现在的经营规模也是数一数二，每年经手的花生得有四五百万斤。很快，第二年就有不少

---

① 王宝卿，王思明. 花生的传入、传播及其影响研究 [J]. 中国农史,2005(01):35–44.
② 王传堂. 美国大花生传入山东的考证 [J]. 中国农史, 2015, 34(02): 24–30.

人也跟着进入这个行业。到现在，花镇总共有十来家搞花生收购的，能够达到亮哥这个规模的，也就四五家，其他都是小规模的。

跟亮哥同龄的生哥，是隔壁村的人，从 15 岁就开始搞花生收购。当时他的叔叔也是搞这一行的，生哥就跟着他打工。2016 年，他搬到花村的西瓜市场，建了自己的厂房，继续搞花生收购。相较而言，生哥的生意规模小一些，一年就收购五六十万斤花生。

之所以选择花生收购这一行当，亮哥看重的是花镇花生的种植规模和出油品质。由于那几年西瓜市场逐渐不景气，农民开始将目光投向收益较高的花生，花生的耕种面积逐渐扩大。而本地花生的品质很好，含油率高，亮哥专门找人测过，能达到 48%，完全可以跟花生主产区的山东、河南相媲美。今年，山东花生的含油率为 44%—46%，河南最高可达到 48%[①]。

正因为本地花生含油率高，亮哥决定只做油料花生的收购生意。毕竟做食用花生没有比较优势。事实上，过去二十年，花生榨油消费量占花生消费总量的比例在 44%—50%。2006/2007 年度，中国花生榨油消费量占比降至 43.9%，这是因为当年花生产量大幅下滑，花生油价格走高导致需求降低，抑制了花生榨油的消费需求。近几年来，随着中国花生产量的增加，榨油消费量持续增加，2017/2018 年度花生榨油消费量占比达到 49.4%，2019 /2020 年度达到 908 万吨，占比提高到 51.8%，较 2009/2010 年度

---

① 乔林生.收获季花生市场传来好消息 [N].期货日报，2021-10-11(008).

的 672 万吨增长了 35.1%[①]。

价格的确定

亮哥的生意主要集中在本地市场，如果外地的花生有盈利空间，他也会出手。每年 9 月是花生的集中收获期，因此行业内把上一年 9 月到今年 9 月作为一年的生意周期。2019/2020 年度，亮哥在本地收购了 180 万斤的花生并进行脱壳加工。一般来说，都是农民自己把晒干的带壳花生拉到亮哥的门店，亮哥免费帮农民给花生脱壳。最后交易的是花生米。之前，农民只能把花生拉到隔壁镇加工交易，现在都就近拉到亮哥这里，毕竟是方便了许多。

亮哥还记得，2021 年的收购价是 4.6—6 元 1 斤。这个价格是怎么定出来的呢？亮哥参考的是广西玉林的终端市场交易价。在他的眼里，玉林油料花生米的交易价格，几乎就是各地花生米价格的风向标，很多收购商都会在那里完成花生米的交易。而去年玉林的交易价格是 4.8—6.5 元，浮动非常大。

2022 年国庆后的调查数据显示，主产区山东统货花生米价格为 8500—8600 元 / 吨（4.25—4.3 元 / 斤），比国庆节前下调 150元 / 吨；河南白沙统货米 9000—9100 元 / 吨（4.5—4.55 元 / 斤），跟国庆前相比变化不大；江西白沙统货果 5400 元 / 吨（2.7 元 / 斤）左右，统货白沙米 9000—9400 元 / 吨（4.5—4.7 元 / 斤），跟国

① 张立伟，王辽卫. 我国花生产业发展状况、存在问题及政策建议 [J]. 中国油脂，2020,45(11):116–122.

庆前基本持平；湖北统货米9200—9400元/吨（4.6—4.7元/斤），比国庆节前下调300元/吨；主销区广东市场河南产白沙统货米9700—9900元/吨（4.85—4.95元/斤），跟国庆节前变化不大；广西市场河南产白沙统货米9600—9800元/吨（4.8—4.9元/斤），跟国庆前相比下调150元/吨[①]。可见，花生交易价格不仅有地区差异，而且不同时段也不同。

亮哥要在确保自己有利润可赚的前提下，确定给农民的收购价。首先是从老街运到玉林的成本，运费0.15元1斤，人工费0.05元1斤，加起来就是0.2元。然后是花生到达玉林那边之后的成本，平均算下来，仓储和人工的费用是0.05元1斤。总共成本是0.25元。

说到玉林那边的对接人，亮哥找的是当地一个可靠的花生代办。由于玉林的花生交易市场非常成熟，形成了一大批专门对接外地老板的代办。亮哥从一开始进入玉林的市场之后，就是找当地的代办来帮忙销售花生米，卖完，扣除服务费再把钱打给亮哥。亮哥知道，他对接的那个代办，接的单子非常多，一年可以赚几十万上百万元，根本就不屑于贪他那点花生款。既然合作，那就要充分信任。

亮哥给自己的利润空间是1斤0.05元，加上成本，至少要比玉林交易价低0.3元的收购价，他才有赚头。比如说，玉林的交易价是6元1斤，那么亮哥以5.7元的价格向农民收购花生米，每斤就可以赚5分钱。去年在本地收购了180万斤，亮哥至少可

---

① 徐春晖. 市场信心不足 花生偏弱震荡 [N]. 粮油市场报 ,2021-10-12(A03).

以纯赚 9 万元。

一路向北

除了本地市场，亮哥也跑外地市场。作为花生的主产区，山东、河南、河北向来是花生交易的主战场。实际上，这三个省在花生种植界的领头地位，早在 20 世纪初期就已经确定了。前面说过，弗吉尼亚型花生最初就是引种在山东半岛，随后逐渐扩展到相邻的河北、河南等地。到 20 世纪初期的时候，无论是花生的种植面积还是产量，山东都居于全国首位，河北、河南次之，形成了以这三省为核心的专门化生产区域[1]。

地区产量高，本地不可能全部自己消费掉，自然要通过商贸运销到外地。据山东省国际贸易局调查，20 世纪 30 年代，山东花生常年产量为 10823065 市担，除少数民间销用，并供给本省榨油厂外，输往他省或出国者有 5967829 市担，占产量的 55.1%[2]。

近百年来，虽然世事更迭，但是花生的生产贸易格局并没有发生根本性的变化。今天，花生的主产区依然集中在山东、河南、河北，加上辽宁、吉林、广东，这六省 2019 年的花生产量达 1240.3 万吨，占全国总产量的 70.8%，其中河南、山东两省产量合计占比接近五成。由于花生在各地普遍受到欢迎，因此销售区相对分散，特别是食用花生消费覆盖了全国各地。这种产区集

---

① 许道夫. 中国近代农业生产及贸易统计资料 [M]. 上海人民出版社 ,1983:195-196.
② 陈明. 从佐餐小食到利用厚生：近代花生的引种及其商品化探析 [J]. 中国农史, 2021, 40(04): 70-80.

中、销区分散的特点给花生贸易带来了很大的机会①。

山东曾经是全国花生产量最大的地区，直到 2002 年河南首次超过山东，此后三年，山东花生产量增幅高于河南，2006 年河南再次超过山东后就一直处于全国第一位。这些年，由于河南各级政府的高度重视，花生种植面积及单产水平不断提高，2019 年种植面积达到 115 万公顷，产量达到 576.7 万吨，占全国花生总产量的 32.9%，是中国最大的商品化花生种植基地②。去年，亮哥在河南等地收了 200 万斤左右的花生米。

近年来，东北地区的花生产量异军突起，成为中国花生增产的主要地区。2019 年东北三省花生产量超过 200 万吨，占全国总产量的 11.4%，比 1999 年的 29 万吨累计增长了 5.9 倍。因为东北人口一直在减少，而且当地花生压榨企业较少，对花生的消费需求增长有限。但是东北地区生产的花生质量普遍较好，尤其是黄曲霉毒素含量全国最低，受到国内厂商的欢迎，使得辽宁和吉林生产的花生大量流入关内各省③。在东北，亮哥只买那些被损伤的半米，因为这些残缺品就适合用来做油料。至于完整米，主要是用来做食品的。

当然，去哪里收花生，亮哥并非盲目出击，而是去那些收购价格低、品质又不错的花生种植区域收购。花生收获期间，他每

①　张立伟，王辽卫. 我国花生产业发展状况、存在问题及政策建议[J]. 中国油脂，2020，45(11): 116–122.

②　张立伟，王辽卫. 我国花生产业发展状况、存在问题及政策建议[J]. 中国油脂，2020，45(11): 116–122.

③　张立伟，王辽卫. 我国花生产业发展状况、存在问题及政策建议[J]. 中国油脂，2020，45(11): 116–122.

天都会上一个专门的信息网站查找各地花生的收购价。当然，你要从这个网站获取信息，首先要成为他们的会员，一年交个几百元即可。平时，网站也会推送各地信息，有需要的话，亮哥也可以通过网站上的专员了解特定地区的收购价格，或者特定品质的花生在哪个地区可以收购。去年，亮哥在河南收的花生，收购价比花镇还便宜一两毛。

一般来说，只有当利润达到 0.1 元以上，亮哥才会外出收购。有时候觉得后续价格会上涨，也可以把花生米拉回来存着。去年，亮哥就从河南拉回了 10 多万斤。实际上，亮哥每年都会存 100 多万斤在自己的仓库里，等着市场涨价。

进口与出口

这两年，亮哥也开始做海外的市场。进去之后，他才深刻意识到中国在全球花生市场中的重要分量。作为全球最大的花生生产国和消费国，中国花生总产量和总消费量均占全球总量的 40% 左右，同时进出口贸易量和加工业规模也居全球之首[1]。2020年中国花生种植面积为 4600 千公顷，在国内主要油料作物中，花生种植面积位居第三，仅次于大豆和菜籽；花生国内消费量为 1790 万吨，占全球国内消费量比重为 37.62%[2]。

虽然在花生种植面积上，中国不算最多的（比印度少），但

① 张辉，冯晓，王来刚等. 花生大数据平台建设研究和展望[J]. 农业大数据学报，2020，2(1): 45-52.

② 张小艺. 花生期货维持强势格局[J]. 营销界，2021(04): 3-4.

是在单产和总产上则遥遥领先。1961—2019 年，中国花生收获面积和单产分别年均增加 5.54 万公顷和 51.87kg/ 公顷，2019 年收获面积、单产和总产分别达到 450.84 万公顷、3897.8kg/ 公顷和 1757.28 万吨[①]。

从花生进口量来看，2009/2010 年度以前，中国一直维持在 1 万吨以下；2014/2015 年度由于国际市场花生价格远低于国内，导致进口量快速增长，当年就达到 15 万吨，占全球花生进口量的 6%；2015/2016 年度进口量升至 45 万吨，创历史新高，约占全球花生进口量的 14%；2018 年中国花生价格下跌，导致进口量连续两年下降；2019 年下半年国内花生价格大幅上涨，进口量开始增长[②]。

2019/2020 年度，中国花生进口量再创历史新高，增至近 140 万吨，占全球花生贸易的三分之一。这一年，中国首次成为最大的进口市场，超过第二大市场欧盟 40% 以上，这也是中国成为花生净进口国的第一年。这一年度中国花生进口量之所以如此之大，主要是因为国内生产增长缓慢，不足以满足花生的消费需求，而全球花生库存在该年度则达到创纪录的水平。其中，塞内加尔和苏丹都取得了创纪录的高库存，美国的库存也十分可观，而这三个国家正是中国花生进口的主要来源国。截至 2020 年 6

---

① 冯喜梅, 聂江文, 彭良斌, 臧华栋, 杨亚东, 曾昭海. 全球花生生产和贸易的时空动态变化研究 [J/OL]. 花生学报：1–8[2021–10–28]. https://doi.org/10.14001/j.issn.1002–4093.2021.04.001.

② 张立伟, 王辽卫. 我国花生产业发展状况、存在问题及政策建议 [J]. 中国油脂, 2020, 45(11):116–122.

月，这三个国家占中国 2019/2020 年进口量的近 90%[①]。

在花生出口方面，改革开放以来大致经历两个阶段。1978—2002 年出口量持续增加，2003 年以后逐渐减少。2002/2003 年度，中国原料花生（带壳花生和去壳花生）出口量达到 109.2 万吨，创历史最高记录，占全球出口总量的 52.9%[②]。受新冠疫情影响，2020 年 1—7 月，中国花生出口仅 24.86 万吨，同比下降 16.8%，出口额 4.81 亿美元，同比下降 3.24%，出口地以日本、印度尼西亚、韩国和欧洲地区为主[③]。出口形势不好，一是因为国内花生价格高企使得出口失去性价比优势；二是受疫情影响，海运费比往年翻了五六倍，而且运抵时间没有保障；三是部分国家提高了花生进口标准，比如对重金属含量等重新设定标准[④]。

海外的花生

海外的花生，你可以选择做现货，也可以选择做期货。现货呢，就是等花生运到了国内的港口，你到现场去收购，利润空间其实是很小的。亮哥更喜欢做期货，有种赌一把的刺激感。

海外的花生期货是这样运作的，在海外收购花生的老板先结合成本与利润，开出一个交易价格，亮哥及其他国内的收购商确定所要的数量并给付 30% 的定金。两三个月之后，海外的花生开

---

① https://new.qq.com/rain/a/20200817A0L3IC00

② 张立伟, 王辽卫. 我国花生产业发展状况、存在问题及政策建议 [J]. 中国油脂, 2020, 45(11):116–122.

③ 专家: 中国将首次成为全球最大花生进口国 [J]. 中国食品学报, 2020, 20(09): 9.

④ 乔林生. 收获季花生市场传来好消息 [N]. 期货日报, 2021–10–11(008).

始发货,发了货还要在海上漂一个月才到亮哥手里。

海外花生期货的风险在于周期长,你不确定最终的收购价格是多少(到底会赚还是亏),也不确定海外的老板是否能够按时按量交货。前年,亮哥作了30多个货柜的海外花生期货,前面的10个货柜,都赚了,赚了有10多万元;中间的十几个货柜,有赚有亏;最后的10个货柜,都亏了。全部收到货物之后,亮哥发现还差了十几吨,他找海外老板要求补差价,怎么说也得20多万元,扯皮扯了几个月。

一想到那最后的10个货柜,亮哥就觉得自己的心在滴血。一个货柜是4万斤(20吨)花生,当初海外老板开出的价格是9800元一吨,外加运费是200多元一吨;而到亮哥的手里之后,市场价格只有9100—9500元1吨。算下来,这10个货柜至少要亏14万元。全部30多个货柜,刨去所有亏损,亮哥最终只赚了五六万元。

扩张,扩张!

在花镇的花生收购行业中,亮哥的规模算是比较大的。他每年要投入五六百万元的现金流,其中很大一部分就是用于存货。每年100多万斤的花生库存,如果按照5元1斤的收购价计算,那就有500多万的资金是暂时无法流动的。生哥同样也会存货,他的经验是,只要花生的交易价格低于4元,他就存货。一般来说,花生最长可以囤10个月。到了过年的时候,价格就好一些。

跟西瓜代办不同,农民是把花生卖给你,而不是委托你帮他卖，所以只能一手交钱一手交货，农民不愿意等你把花生卖出去了再结账。花生收购商赚的是差价，西瓜代办赚的是信息服务费，两者有本质的区别。当然，如果你跟农户关系好，也是可以赊账两三个月，时间也不能更长了。所以，搞这一行的，现金流要足够充分才行，否则规模根本上不来。

刚入花生收购这个行当的时候，亮哥手头上有100多万元的资金。这是前面十年经营家电获得的第一桶金。后来为了扩大规模，陆陆续续找亲戚又借了300多万元，按照6厘的利息进行偿还。再加上这几年花生收购赚的钱，亮哥基本上能够维持每年五六百万元的运转经费。

在硬件设施方面，亮哥已经投入了100多万元。其中，机器设备花了30多万元；在老街购买农房并改造为厂房，花了六七十万元，总共有1000多平方米；搞了一个冻库，花了10多万元，可以存50万斤的花生，主要是在5—7月间使用，让温度维持在3—8度。

因为看好花生这个市场，只要条件允许，亮哥都会积极扩大经营规模。中国自2014/2015年度开始，因国内供应不足开始大量进口花生，到2019/2010年度转为花生净进口国。尽管中国花生产业在全球具有一定规模和效率优势，但是随着国内油料消费持续增加，未来的花生消费仍将以满足国内需求为主①。中国和欧盟都是全球主要油料的主要进口国/地区，2018/2019年度，中国

---

① 冯喜梅，聂江文，彭良斌，臧华栋，杨亚东，曾昭海. 全球花生生产和贸易的时空动态变化研究 [J/OL]. 花生学报：1-8[2021-10-28].https://doi.org/10.14001/j.issn.1002-4093.2021.04. 001.

进口主要油料 8674 万吨，占全球进口总量的 52.13%，而欧盟进口 2070 万吨，占比为 12.44%[①]。可见，花生作为重要的油料作物，必定还有非常大的生意空间。

事实上，花生占中国油料作物总产量的 50% 左右，其荚果单产也是国内油料单产水平最高的品种，2019 年中国油菜籽、葵花籽和大豆平均单产分别为 2.208、2.706、1.939 吨/公顷，远低于花生平均单产水平（3.898 吨/公顷）。[②] 花生的价格远高于其他油料作物，曾是我国少数具有竞争优势的出口创汇农产品之一[③]。

想扩大生意规模，这就需要不断进行融资。但是，亮哥一直没有向银行贷款，一方面是利息高，另一方面手续也相当麻烦，还不如直接找亲戚朋友借钱。去年因为新冠疫情的影响，政府出台了一系列金融优惠政策，利息也降了，手续也简化了，支持企业家找银行贷款。看到这个情况，亮哥心动了。他到信用社贷了30 万元，利息是 4.35 厘，到农行贷了 20 万元，利息是 3.85 厘，比找亲戚朋友借钱的利息都低一些。

上市的花生期货

虽然对花生的未来抱有乐观的期待，但是经历过几次价格的猛涨猛跌后，尤其是海外花生交易那过山车式的惊险体验，亮

---

① 王瑞元.2018/2019年度全球油料油脂产销情况及预测[J]. 中国油脂，2020, 45(08): 1–4.
② 张立伟，王辽卫. 我国花生产业发展状况、存在问题及政策建议[J]. 中国油脂，2020, 45(11): 116–122.
③ 章胜勇，李崇光. 中美大豆和花生生产及贸易的对比分析[J]. 国际经贸探索，2005(4): 26–29.

哥更希望能够有些办法来控制花生交易的价格风险。过去二十年间，中国花生市场经历了剧烈起伏。2002 年前后，由于连续几年的扩种，花生现货供大于求，1 斤花生价格低至 1 元；到 2007/2008 年的时候，随着种植结构调整及市场需求变化，国内花生和花生油价格受全球油脂油料价格整体波动幅度加大的影响，产生了剧烈的波动。2007 年 1 月，国内花生价格仅为 3.25元 / 斤，到了 2008 年 4 月，已突破 5.5 元，涨幅达到 77%；之后又经历数次大起大落，2019 年价格波动幅度达 45%[①]。

对于农民来说，最大的问题是市场信息不透明、价格不稳定，整个花生产业的抗风险能力不强。2020 年年初，在国内花生果与花生米价格涨到近十年来的最高价区时，很多农民普遍持有"越涨越不卖"的心理，把大量的花生果囤放在家中。他们不知道，此时国内的花生进口商正在国际市场上大量采购花生果、花生米与花生油，导致了 2020 年 4 月以来国内花生类商品价格的持续下滑[②]。

亮哥很清楚，花生的现货市场结构松散，种植主体以小农户为主，而终端销售主要以花生代办及像亮哥这样的中间商销售为主。因此，当下花生的现货报价相当混乱，统货、食用米、油料米等花生原料的报价各有不同，而不同地区、不同品种、不同级别的花生也存在很大的价格差距。在这样的花生现货市场，你很难找到一个可以引领市场的主流价格，也很难界定不同分类下的品种价差。农户及其他经营主体因为缺乏有效的价格信号，必然

---

① 朱秀萍. 花生期货在郑州商品交易所上市 [J]. 理财, 2021(03): 60–61.
② 乔林生. 花生期货助力桐柏乡村振兴 [N]. 期货日报, 2021–07–13(003).

会面临很大的市场风险。

中国植物油行业协会副会长陈刚认为，通过期货市场公开、透明、高效的集中竞价交易机制，可以为产业主体提供有效的价格预期和避险工具，进一步完善油脂油料市场体系。事实上，为了缓和价格剧烈波动以及由此给花生行业各类从业者所带来的负面影响，2008 年的时候，郑州商品交易所就开始研究上市花生或花生油期货[1]。只是这一研究就持续了十几年，直到 2021 年 2 月 1 日，郑商所才上市了花生期货。截至 6 月，花生期货累计成交 390.33 万手，日均成交 3.98 万手，日均持仓 2.11 万手[2]。

郑商所上市的花生期货作为全球首个花生期货合约，被寄予厚重的期待。人们希望通过期货价格来合理调整农民的种植结构，控制花生的销售节奏。中游贸易商和下游加工企业也可以通过期货工具降低采购成本，锁定销售利润，同时增加一条现货购销渠道。花生期货的上市，跟之前已上市的菜油、棕榈油等油脂油料期货能够形成联动，有助于进一步丰富油脂油料行业的风险管理工具，在中国油脂油料对外依存度居高不下的趋势中提升其战略安全性。

是否真的有这么好的效果？亮哥决定观察一段时间再说。

① 刘文元 . 郑商所正研究花生或花生油期货 [N]. 上海证券报，2008–04–11(A07).
② 邹梦雯 . 依托期货 推动花生产业转型升级 [N]. 期货日报，2021–07–22(002).

第四章

农家乐？不乐

媳妇离开他之后

对很多人来说，过日子可能都不太容易，尤其是人到中年。上有父母的，要操心这病那病；没有父母的，要操心带娃。结了婚的，隔三差五吵个架；离了婚的，生活冷暖无人问。在广大中西部农村，中年男子要是离了婚，要想再找个媳妇可就不容易了。一个人要把小孩拉扯大，既当爸又当妈，又要赚钱又要料理各种家务，还要遭遇各种闲言碎语，说不糟心那是骗人的。而这，就是虎哥的中年生活。

虎哥成了单身汉

2015 年，虎哥和媳妇协议离婚，成了单身汉。那一年，虎哥还没有 40 岁，身上的棱角也还没有被生活全部磨掉。

离婚之后，孩子就成了最主要的"问题"。虽然这些破事大抵跟小孩没有什么关系，他们本身就是受害者，但是孩子的存在客观上成为这个破裂家庭的负担。一方面，由一个人来带娃，确实是不小的负担；另一方面，带着娃重新找个对象也不容易，尤其是对中年男子来说。

说好的，离婚后，11岁的大孩子跟着虎哥，8岁的小孩子跟着妈妈。然而实际情况是，一离婚，前妻就表明了自己没办法带着孩子生活。虎哥只好把孩子接过来自己养，但是要求前妻必须支付抚养费。这抚养费开始还给了点，后来基本上也就没给了。

为什么要离婚？虎哥心里并不想要这个结果，问题是媳妇坚持要离。当年媳妇在花县打工，找到一个自认为更好的对象，已经好了一段时间，如果不是好朋友发现之后告诉他，虎哥还一直蒙在鼓里。愤怒而又痛苦的虎哥并不是没有挣扎过，有好几次他都低声下气哀求媳妇不要离开这个家，就算是看在两个孩子的份上，再给他一个机会。

媳妇没有被说动，她希望为自己活一回。

虎哥到现在也想不明白，为什么舍家弃子攀上另外一个男人，就算是为自己活一回？可能是自己真的不够好吧，没什么本事留住自己的媳妇。虎哥低着头，默默地搓着自己粗糙的手指头。

曾经以为可以改变人生

虎哥的父亲去世得早，当时虎哥初一都还没读完。后来母亲改嫁，把妹妹也带走了，就剩下虎哥一个人生活。最早的时候，家里的田也不少，但是因为这些家庭变故，虎哥也种不了那么多的田，慢慢就把田丢了，现在也就剩下10亩。

20世纪90年代末期，虎哥的一个朋友在沿海打工，就介绍他一起过去。那几年在工厂打工，一个月的工资七八百，没有家庭的虎哥也不懂得攒钱，赚多少花多少。去打工的时候，口袋里装着 500 元的路费，回家的时候，口袋里也只有这么多的钱。

2001 年，虎哥结婚了。因为家庭条件不好，也只能找外地的媳妇。媳妇是 K 县的人，这个县是个大山区，人均土地面积很少，经济发展水平远不如花县。因此，20 世纪八九十年代就有很多当地人外出打工。虎哥的婚事，主要是他的叔叔帮忙操办的。

结婚后，虎哥就想着好好过日子，也不外出打工了，安心在家里种田。实际上，花村外出打工的人一直都不算多，现在 40 多岁的人，绝大多数还在村里种田，无非是农闲的时候打点散工。

有一阵子，虎哥还在隔壁村承包了 70 亩的土地，全部用来种西瓜。大概是 2010 年吧，那一年虎哥的运气特别好，其他人种西瓜没怎么赚到钱，虎哥却赚了不少。当年一开始的时候，瓜价是 1 毛 1 斤，虎哥没有卖，后来瓜价慢慢涨上来，虎哥赌赢了这一局。

特别是看着两个小孩慢慢长大，虎哥有时候会觉得通过努力，自己的人生一定会慢慢向好。那些从小不待见他的人们，早晚有一天会因为当初的浅薄而感到汗颜。正是依靠这样的信念，虎哥愿意积极尝试各种行当。

前些年种西瓜很景气的时候，他就做起了西瓜代办。那个时候，作为代办要经常下到各家的田里收瓜，瓜商对代办有很大的依赖性，特别是遇到瓜俏的时候，关系好的瓜商就会要求代办把收到的瓜留给他。当然，瓜价不好的时候，虎哥也会让瓜商尽可能把瓜收下了。后来，在马路边上自发形成了一个西瓜市场，瓜农自己把瓜载过去，老板可以现场挑瓜，也就不太需要代办了。因此，虎哥慢慢也就退出了这个行当。

实际上，做代办也是要承担一定风险的。花村有一个代办，因为瓜商把瓜拖走之后没有给钱，瓜农都找这个代办要钱，搞得他的信用都破产了。虎哥很庆幸自己没有遇到这样的麻烦。虽然媳妇喜欢在外面打工，不愿意在家里种田，但是看起来还是一个比较美满的家庭。至少在那段时间是这样。

农家乐，一场翻身战？

离婚之后，虎哥彷徨了一段时间。他想到了自己的身世，父亲早逝，母亲出走，自己好不容易找了个媳妇最后也跟别人跑了。特别是夜里一个人又睡不着的时候，心情很容易跌落到谷底。未来该何去何从？家庭还有希望吗？那些曾经不待见自己的人们，估计又在嘲笑自己吧？

不久，花村成为美丽乡村建设示范点，各种开发项目，搞得煞是热闹。政府鼓励花村农民利用老房子把农家乐开起来，到时乡村旅游火起来之后，这些农家乐自然也要跟着火起来。眼看着原来的邻居纷纷回到老房子搞农家乐，还能享受政府的补贴，虎哥原本低落的心弦仿佛也被拨动起来。既然媳妇靠不住，那还是得靠自己，既然有政府的支持，搞一下农家乐应该是有赚头的吧！等我把农家乐的生意做火，赚了大钱，到时就让那个女人后悔去吧！

原来虎哥和邻居住的房子，已经空置了多年，之前因为交通不便，大家都搬到外面的马路边上了。在虎哥犹豫是否搞农家乐期间，有些村民提出要用3万元收购他的老房子，被虎哥拒绝了。之前有几户都是以两三万元的价格出手，现在肠子都悔青了。

决定搞农家乐之后，摆在虎哥面前的第一个挑战就是花钱改造房子。原来的老房子多年没住人，也确实不能用了。而且政府对农家乐的装修风格也有统一的规定。为了改造房子，虎哥前前后后花了近30万元，不仅耗尽了自己多年攒下来的积蓄，还借了不少的外债。这些钱主要用来翻建房屋、按照政府要求的风格装修、添置家具等。

因为虎哥是最晚搞农家乐的，算是政府支持的第二期改建，力度已经小很多，主要靠农户自己出钱，政府无非是补贴5万元的人工工资，做点穿衣戴帽的工程。第一期搞了十几户的改造，政府的支持力度要大很多，几乎是由政府负责改造，当然，农户自己也要投入个10来万元。

虎哥的农家乐不仅仅有吃饭的地方，而且也有民宿。一共是七个房间，两间作为民宿，三间是吃饭的包房，一间是厨房，还有一间是客厅。2018年开业之后，虎哥自己掌厨，当年的纯收入有五六万，算是这几年最好的。因为房子是自己的，人工是自己的，这才能赚到一些钱。如果你想请一个固定人工，那根本养活不了。

2019年，虎哥请了个师傅来帮忙做饭，待了几个月，虎哥跟着学习，掌握了一些菜式的做法。请师傅一天的工资是150元，有开工才算钱。2019年的收入还过得去，2020年就惨不忍睹了，疫情其实只是一部分的原因，更主要的是因为花村实在也没有多少看头，很难有回头客。一般都是周边县市的人在假期的时候来玩一下，有的人中午就留下来吃一顿。平时工作日一点客人都没有。至于住宿，基本上就没有，因为客人都是周边的，开车往返本来就很方便。

生活的抽打

现在，如果有客人来，都是虎哥掌厨，然后临时在村里请个人来帮忙拣菜上菜。一般来说，请个人帮忙弄一顿午餐，要支付50元的劳务费。有时候虎哥也会羡慕人家夫妻俩一起开农家乐，一个掌厨一个帮厨，这50元的劳务费不就可以省下来了。哎，这就是命，不能比。

其实说是农家乐，就是农民做饭做菜罢了，所有的食材都需要到市场上去购买。家里没办法养猪养鸡，无非是在菜园子里种点蔬菜，有时候可以应急一下。

真正忙一点的时候主要是春秋两季，而且是在周末或节假日，平时都闲得很。为了拓展收入来源，虎哥的店子在不接待食客的时候就作为打牌的场所供村民娱乐。下雨的时候，干不了农活，大家都会到虎哥这里打牌。打麻将一个桌提取30元就可以一直玩下去，费用也不算高，无非是包个电费、空调费，凑个人情。实际上餐馆都会配个麻将桌，上菜之前客人们可以玩一把。

一方面客人少，另一方面农家乐还不少，结果店家相互竞争就有点激烈了。有些农户原本关系还不错，就因为开农家乐有利益冲突，一吵架就把关系搞坏了。有的农家乐老板跟村干部关系比较好，生意就多一些，因为村干部免不了会有一些应酬的饭局。有的农家乐凭借这一点，一年就可以签单两三万元。虎哥认为自己属于那种不会也不愿意跟村干部请客送礼的那类人，甚至有时候还不太愿意搭理人家，因此生意肯定做不过别人。何况自己又是单身汉带着两个娃，负担重得很。

这一两年来，已经陆陆续续有好几家农家乐关门了，实在是做不下去。有两三家生意还可以的，似乎一直也就他们生意可以。像虎哥这样撑着的，也还有几家。问题是能撑到什么时候呢？放手吧，想到当时投入了30多万元，以及曾经梦想借此打个翻身战，现在就放手似乎有点不甘心。继续扛着吧，又得把整个人捆在这里，连种田都没法种。这不，虎哥虽然只有10亩地，因为搞农家乐，自己没时间也没心思种，只好出租给别人，每亩每年才200元的租金。

因为家庭条件不好，虎哥经常也觉得愧对两个孩子。上小学的时候，人家家庭条件好的，就把小孩送到花县读书，还有家长陪读，或者放在老师家里。而他的小孩只能在村里读小学，一个年级一个班，一个班只有六七个学生。将来他们要跟其他小孩竞争，恐怕也要垫底吧。想到这些，虎哥总会感到一丝丝的悲凉。

前些年，辛辛苦苦攒下的钱，现在也都投入摇摇欲坠的农家乐里面。田地也没心思种了，小孩大了也不怎么听话了。前半辈子的各种左冲右突和不服气，在生活的不断抽打之后，除了认命，还有别的办法吗？

失去右手之后

对于农村男青年来说，丧失右手成为残疾人，对于很多人来说几乎就意味着丧失劳动力。无法外出打工，难以下田务农，其影响不仅仅是经济层面的，更是精神层面的。在一个彼此知根知底的熟人社会里，他该如何重新组织自己的生活；在这个剧烈变迁的时代中，他又该如何安顿自己内心秩序。在政府提供了基本的保障之后，村庄社会是否有可能提供一种更为柔软的保护呢？让我们来听听李子的故事。

他的右手

2000 年是李子的人生转折点。对于才 20 岁的打工人来说，这个转折来得如此突然，如此剧烈，以至于多年之后回想起来，依然恍如隔世。

这是个很坏的人生转折点。在郑州一家无纺布工厂，嘎吱作响的机器意外地夺走了李子的整个右手，也从此扭转了他的人生轨道。拖着空荡荡的右手袖子，李子花了很长的时间才重新习惯了自己的身体。只是习惯了并不总意味着接纳，当邻居们投来鄙夷或怜悯的眼神时，当枯寂的黑夜席卷而来时，李子仍然会有点苦闷。直到他们一家搬到了花村。

李子并不是土生土长的花村人，而是从山高路远的 Z 县搬过来的。那是 2003 年，青年李子已经失去他的右手。Z 县是个名副其实的山区，田地很少，人均只有 1 亩多，而且很不好种。所以 20 世纪八九十年代就有很多年轻人外出打工，不像在花村，到了 21 世纪了，出去打个工还担心被人骗了。李子的两个姐姐都嫁到了花村，看到花村土地多，人也好相处，就动员娘家人搬过来。于是李子一家就搬了过来。

那个时候宅基地和耕地的私下流转蛮普遍的，Z 县的农民觉得花村实在是好，花村的农民觉得马路边的房子更好，他们在马路边建了房子，就把老宅基地卖给外地人，顺便送一些田地。毕竟花村的土地多。当年，李子一家花了 2 万元买下了花村的一个老宅子，一共有 5 个房间，主人家还给了 9 亩土地，其中 5 亩是水田。当然，主人家自己还留了十几亩土地，在马路边建了新房子。

结婚，建房

李子是 2006 年结的婚。媳妇原来也是 Z 县人，后来嫁到花村旁边的一个村子，生了个女儿，离婚之后，经人介绍认识了李子。媳妇离过婚，带了个女儿，李子没结过婚，少了个右手，两人相处了一段时间就结婚了。结婚的时候，李子家庭条件并不好，也可能媳妇是二婚的缘故，并没有给女方彩礼，只是请亲戚朋友简单吃了个饭。

现在女儿大了，在市里的一个超市打工。而李子和媳妇后来一直也没有再生育。媳妇农闲的时候就在周边打点散工，每个月赚个三四千元。最近她一直身体不好，开始在花县看病，感觉没什么效果就转到市里的医院。

家里的三块水田还是自己和媳妇种着，水利条件还算可以，每年要交水费 65 元 1 亩。由于村里有农机合作社，田里的重活都是交给合作社来干。用机械整田、育秧、插秧一整套下来，1 亩地要 400 元成本。虽然李子种的田不多，但是观察得却很仔细。他发现用机插秧的话，秧苗都比较矮，水灌多了，容易淹苗，水灌少了，容易长草。但是没办法，李子这个情况也不适合自己亲自插秧，媳妇身体又不好。虽然机插秧对产量有点影响，但是这些水稻 1 亩一年的纯收入也有 1200 元。旱地作物伺候起来更为麻烦，李子把自家的旱地都通过村集体流转给了企业，每亩的租金有 750 元，远高于农民私下流转的价格。

2014 年，李子和媳妇决定把老房子拆了重建。当时家里只有 3 万元的存款，找姐姐们和其他亲戚一共借了 9 万元，少的一家 2000 元，多的 1 万元。那个时候，很多亲戚也是刚刚建了房子，手头并没有多少钱。因为是找亲戚借的钱，一般也不会规定什么时候就要还清，无非是谁家有个急用先还上，手头没有也只能找别的亲戚先借来还。一直到 2019 年，李子和媳妇才把建房的欠债还清了，这主要还是因为前几年开了农家乐，多少赚了些钱。

农家乐的生意

因为失去右手，外出打工肯定是不行了，在家种田也不方便，媳妇身体又不好，整个家庭的经济状况确实不理想。因此，早些年李子一家一直领着政府的低保补助。脱贫攻坚战开展起来之后，李子一家被确定为建档立卡贫困户，有村干部专门对口帮扶李子一家，上面要求必须确保所有贫困户 2020 年达到脱贫的标准。正是因为这个原因，花村的干部就动员李子搞农家乐，通过发展产业来脱贫。

李子和媳妇讨论之后，觉得这个主意不错，毕竟花村现在到处都在开发建设，总会有游客来光顾的。于是，2018 年开始，李子和媳妇按照政府要求的标准，对房屋进行改造。由于房子是前几年才翻建的，还新得很，院墙则是政府帮忙改造的。因此，李子需要做的主要是添置餐饮设备，总共花了四五万元。前几年生意还可以，每年的纯收入有个五六万元，主要是周末和节假日比较忙。真正忙的时候，李子也需要在村里请个人帮忙拣菜、端菜、做卫生，每天支付不少于 100 元的工资。

为了方便到街上买菜买各种餐饮配料，李子和媳妇在 2019 年按揭买了个小车，总共花了 13 万多元。即使是首付，他们还是找亲戚借了两三万元，到目前还没有还清。

李子的农家乐最多可以一次接待 10 桌左右，但是也很少有坐满的时候。游客呢，主要是散客，偶尔有一些外地组团过来的。客人们来了之后，一般会看看各家的价格和环境，再决定在哪家吃饭。新冠疫情暴发后，虽然封城的时间不算太长，但是李子还是能感觉到游客的消费能力明显下降了。一方面是来的游客量明显减少了，另一方面来的游客消费能力也是明显下降了，原来四五个人都要点 200 元以上的菜，现在一般都要低于 200 元。

另外一个影响生意的因素是政府和村干部的签单。为了推进各种项目的开展，政府和村干部免不了要吃些工作餐。为了照顾贫困户，政府和村干部一般都会到李子的农家乐吃饭，平时签单，年底结账，一年下来也有个两三万元的签单。但是老在李子农家乐吃饭，其他农家乐自然就不高兴了，一些村民也有点羡慕嫉妒恨，慢慢地就开始有些关于李子媳妇的不好听的流言产生。甚至有些农家乐老板会上门吵架，搞得场面非常尴尬。为此，政府和村干部就在几个农家乐轮流吃饭，后来因为这些吵架的事情，他们就不太情愿来农家乐吃饭了。这一下子，所有人的生意都受了影响。

贫困户和低保户

李子所在的湾子，总共有 3 户建档立卡贫困户。另外一户贫困户，男的 60 多岁，媳妇有慢性病，需要经常吃药。他们只有两个女儿，都出嫁了。家里总共有 15 亩田，自己种一点，大部分也流转给了企业。还有一户，老爹 70 多岁了，也是常年患病。跟李子有点类似，这户人家也是组合家庭，女方带着几个儿子嫁过来的。现在他们跟儿子都分家了，也种不了田，经济上确实比较不行。

成为贫困户能享受什么待遇呢？李子想了想，还真有一些待遇。你比如说看病可以多报销 5%；春天的时候，村里会送几包肥料和种子过来；开农家乐，领导也会来关照一下。按理说，李子翻建房子也属于危房改造，应该有 8000 元的补贴。不过政府说他翻建的房子太大，结果没给补贴。李子有点郁闷，但是既然政府都这么说了，也没办法。另外，之前听说之前交的新农合费用要退还给李子，结果也只退了一年的费用。

前阵子，村干部跟李子说，他这个建档立卡户的名头随时有可能被取消了，因为他和媳妇已经开了几年的农家乐，也算是脱贫了吧。李子也没啥意见，取消就取消吧。整体来说，他觉得村里对他还是蛮可以的。

除了建档立卡贫困户，李子的湾子里还有两户低保户。说起来，有一户低保户跟李子还是亲戚，他们是 2015 年从 Z 县搬过来的。当时他们买的宅子加上 20 亩田地，总共花了 12 万元，合同什么的都转到了名下。他们家的田地大半也都流转给了企业，男主人 50 岁，在家里种田，照顾两个孩子，有时候也到村里的景点干点杂活；女主人比较勤快，平时到外地打工，农忙的时候再回村里帮忙干农活。之所以被评上低保，是因为他们 20 多岁的儿子，从小就是青光眼，干不了活。

另外一户低保户，老爹 60 多岁了，也是常年患病。在老爹 40 多岁的时候，媳妇跟人家跑了。他的女儿智力有点问题，女儿的第一任丈夫是 K 县人，不久离婚了；后来找了一个上门女婿，也是 K 县人，身体不太行，在家种那 10 亩地；他们生了两个儿子，小的那个从小看病看到大，体质非常弱。2019 年，老爹到省会城市打工，在高速公路上被撞了，在医院住了大半年。现在，老爹回来了，还需要拄着拐杖走路。

人情淡，也不坏

李子搬到花村之后，感觉这里的邻里关系淡淡的，却也很好。对于他们这些条件不太好的家庭，抱有同情心的人还是多一些。邻居们基本也不会拿排斥的眼神看你。李子记得，当初刚搬过来的时候，因为家里没有什么劳动力，邻居们还会主动帮忙拉拉粮食。有时候对健全的人来说只是举手之劳，对于李子确是莫大的恩情。不像在Z县老家，所有人都那么现实，你家条件差，就没人愿意跟你交往。

说起老家Z县跟花村的区别，李子的感触实在是太深刻了。在老家，除了人人势利眼，还喜欢搞各种人情攀比。办红白喜事的时候，亲戚们给的红包至少都要5000元，而且还相互攀比，给人造成很大的压力。办个酒席，主人家可以收入10万多元。而在花村，礼金给的都比较少，二三百元的都有，500元已经算多了。办个酒席，人情收入也就两三万元。除了这个差别，另外一个大的差别是人情圈子也不同。老家Z县请客的话，整个湾子甚至整个村民小组都要来参加，都要上礼。在花村，人们似乎不太喜欢走人情，甚至红白喜事都只是请亲戚和要好的朋友，邻居都不一定要来参加，湾子的其他人更不需要参加，即使彼此之间平时玩得还可以。

有些亲戚从Z县搬来花村，没有入乡随俗，还想把老家那一套习俗搬过来，李子心理是有点不爽的。这对他们家来说是个巨大的压力。这些亲戚在孩子3岁、6岁、9岁生日的时候都要请客办酒，而且彼此竞争排场。虽然不想去，但是人家来请你，还是得去，去了就要上礼。在花村，当地人一般只是过周岁和12岁生日，也没那么讲究排场。

李子也不太明白是为什么，花村的人这么不愿意找事过，人情往来也只是在至亲之间走走。大概是嫌麻烦吧，李子只能这么想。另外就是这里的人到现在还是以种田为主，打工为辅，因为田地多，收入还可以，大家种的田差不多，经济水平也就差不多，请来请去似乎也没多大意思。而在老家山区，因为多数人都外出务工，收入悬殊。李子猜测这会影响到人情往来，大家都为了多捞点钱，人情给的高，办事频率也高，名目也多。

柔软的土地

大概也是因为本地人都把精力投入种田吧，根本没有心思搞复杂的人情往来。李子琢磨着，这平日里大家都在忙农活，你都很难找到人，特别是花村又盛行种经济作物，更耗劳力了。李子算了算一年的农忙时间，那还真不少。你看，从农历二月开始就要搞西瓜育苗；三月西瓜苗下地；四月花生、玉米、棉花要育秧苗；五月割麦插秧；六月卖西瓜都要搞一个月；七月管理棉花，进行田间管理，除草追肥，种红薯的就要收红薯了；八月收花生、玉米；九月割稻谷，收棉花，这棉花可以一直收到十一月；十月种麦子；也就11月—次年1月农闲过年。当然，现在机械化发达了，有些环节是可以让机械来干，但是很多农民依然坚持只有人工种植才能提高收成。

　　一个有趣的现象是，老家 Z 县的人喜欢攀比人情面子，谁家请客多，谁家房子漂亮，谁家车子好，谁家赚的钱多，谁家当的官大。但是花村的人在这些方面却没有太多的攀比兴趣。他们觉得最有面子的竟然是谁家种的田好，谁家劳动更勤快。你看，他们有时在树下扎堆的时候，就会讨论谁家的庄稼种得好，并流露出羡慕的眼神。田里荒着，大家私下就会评论说，这家人真是懒啊，大家都是靠劳动赚收入，人家有钱你家没钱，只能怪自己不勤劳不努力呗。

　　是啊，就算是李子，也从来没有放弃务农、搞农家乐。政府帮一点，更主要的还是要靠自己努力。只有当几户人家开起了相互竞争的农家乐，特别是政府和村干部过于热情的介入，才出现了一些利益冲突和争吵。当然，相对来说，种田还是花村的主流。

　　这就是李子，失去了右手，却在花村这样一个"重农主义"的村子里健康地活了下来。或许，他还是得到了这个村庄里某种柔软、积极的社会力量的保护，以至于不需要怨天尤人，仍旧可以相信自己努力的力量。

政府，为什么喜欢做冤大头?

实际上，政府并不喜欢做冤大头。只是钱多了之后想做些好事，但是经常好事没办成，反惹一身骚。税费改革之后，国家一心想着如何改善与农民之间的关系，想来想去，似乎给钱是比较受人欢迎的举措。而分税制改革使得国家积攒了不少的财政资源，刚好可以通过各种方式给农村派钱。然而没想到的是，派钱一点也不容易，派的钱越多，似乎民怨越重。为啥呢?

提前下台

老王快 60 岁的人了，依然红光满面，精神矍铄，身手敏捷。他和老伴经营着一家农家乐饭店，叫"新花"，虽然近来生意不好，他们还是把院子收拾得颇为清爽，搭上一些精心打理的绿植，这个农家小院竟然也流露出一丝别样的风味。

当了快三十年的农村干部，其中有近二十年是村主任，老王怎么也没想到会以这样的方式下台。他和另外几个老伙计，在花村的领导层一起搭档多年，向来都比较默契，虽然偶有意见分歧的时候，最后都能协商解决。直到美丽乡村建设项目启动，原本稳固的班子开始出现裂痕，并最终分崩离析。

作为省里的首批美丽乡村示范村，大量的财政资金涌入花村。一开始是 300 万元的建设基金，通过验收后，省里又给了 50 万元的奖励。之后花县又专门给花村投入了 1000 多万元的乡村振兴经费，用来修沿河步行道和游客服务中心。根据花县的规划，花村刚好处于县里准备重点打造的一条旅游线路的中间，因此会配套各种项目资金来经营花村。比如总投资 2000 多万元的高标准农田建设，就优先将花村纳入其中。

按照政府的规划，这些钱要落地不能单靠花村的几个老干部，关键是要引入一家有发展前景的公司来经营。引入哪家公司，其实也不需要老王他们操心，因为花镇早就有心仪的目标。将这家公司引入花村之后，政府要求花村在几个月内必须把公司所需要的土地搞定，也就是让涉及的农户把土地流转给村集体，再由村集体统一把土地流转给公司。政府给花村定的流转价格是 400 元，村民认为太低了，不肯流转。老王和他的同事日夜做工作，软硬兼施，使出浑身解数，依然没能搞定土地问题。

不仅没能顺利把农民的土地流转过来，反而导致农民到市里集体上访。看到这样一个情形，花镇的书记怒火中烧，赶忙到村里给群众开会，承诺每亩的流转费用涨到 600 元。老百姓一听乐了，看来还是要闹才能解决问题嘛，这不，才到市里一趟，租金就涨了 200 元。

这一闹，也把老王和他的两个老搭档给提前闹下台了。老王觉得这也不错，因为搞新农村建设，实在搞得精疲力竭了。

以命相搏

老王的农家乐"新花"，是前几年搞美丽乡村建设的一个项目。县里和镇里的领导都觉得，没有产业兴旺，纯粹是天天打扫卫生也真是没意思。因此，当时定下的建设思路就是一边给村庄清洁美化，制造景点，吸引游客来旅游，一边支持农民大搞农家乐，为游客提供食宿服务，顺便提高经济收入。

理想很美好，但是面对荒草连天、破屋招摇的现实场景，没有一个农民愿意带头搞农家乐。这鸟不拉屎的地方，谁会来游玩吃饭？没办法，政府只好让村干部硬上，"带头致富"。书记要掌控全局，没空搞农家乐，于是老王和另外一个干部老陶，被指定承担这个重大的试点工作。一开始，老王内心也是不乐意的，可惜身为村主任，又是老党员，这种（没人愿意搞的）"带头致富"任务，书记不上，当然得你上。

于是这"新花"就这么开张了。农家乐的房子并不是老王自己的，而是项目区内的一个破旧房子，早就没人住了。主人家以5000元的价格爽快地卖给了村委会，心里总觉得自己捡了个大便宜：除了官家愿意买这破房，还有谁愿意来买？后来花镇成立了一家投资公司，这个房子的产权又移交给公司统一经营。

政府先后总共收购了三套破旧房子用作农家乐，除了"新花"，另外两家是"大花"和"小花"。"大花"由老王的同事老陶经营。"小花"刚刚被收购不久就出了幺蛾子，虽然合同已经签了，5000元的房款也支付给了房主，房子也完成了改造，但是一个月之后，房主就反悔了。房主预感到花村将有大变样，到时房价肯定要大涨，必须把房子留在手里。

于是，"小花"的主人一手拿着5000元的现金，一手提着农药，敲开了书记的家门。她的诉求很简单，就要解除合同，由自己作为产权人来经营"小花"，不解除的话就当场喝药自杀。书记虽然平时也很凶悍，但是遇到这种以命相搏的主，也只能甘拜下风，同意了房主的要求。现在，"小花"经过政府改造之后，以靓丽的身姿重新回归原主，连老王都深表佩服。

竞标风波

随着美丽乡村的推进，政府砸下来的钱也出了些成效。水泥路铺了起来，环境整治后也干净了许多，花河两岸也做出了步行道，配着悠悠旋转的水车，仿佛也有了点景区的味道。再加上引进的企业也搞了些游乐设施和采摘园，以及政府的大量宣传，节假日还真有些人过来游玩。游客来了，免不了吃吃喝喝，这几家试点的农家乐还真把生意做起来了。

话说承接了"带头致富"的任务不久，老王就和老陶以及村书记提前下台了，但是"带头致富"的任务倒是没有丢下。"大花"位于项目点的中心，地理位置非常好，比"新花"都好。老陶两口子也把这生意做得颇为红火。很快，其他村民开始眼红，凭什么公家买下的店面，只能由几个老干部来经营，为什么大家不能公开招投标来竞选？他们都已经忘了，早些时候是他们认为这鸟不拉屎的地方不可能把农家乐开起来，没人愿意站出来搞。

但是现在不同了，看着好像生意还不错，特别是村里和政府的干部经常会带些客人来吃饭，生意总是有保障的。于是当初不看好的村民现在都站出来反对，认为公家指定老干部来经营农家乐是腐败行为。看着民意汹汹，镇里的领导只好跟村干部商量，把"新花"和"大花"两家农家乐拿出来公开竞标，谁出的租金多就给谁经营。老王一看情势不妙，暗中了解了一下到底有哪些人真的想竞标，哪些人只是跟着瞎嚷嚷。后来发现，真正想竞标的也就几个年轻人，老王私下请他们吃了顿饭，让他们高抬贵手。老陶两口子认为自己把"大花"经营得这么好，而且家里也有点钱，谁想来竞标尽管放马过来，谁怕谁啊！

公开竞标那一天，竞标的人，围观的人，主持竞标的领导，围在村里的大树下，煞是热闹。"新花"先竞标，大概是因为老王之前做了工作，竞标几乎就是走个过场，老王以几千块钱一年的租金轻轻松松保住了"新花"。而"大花"的竞标现场简直是热火朝天，你追我赶，租金很快就涨到了3万多元，最后被另外一个小组的小年轻夺了标。听说后来老陶在外地请了几个小混混跟那个小年轻做工作，他们彼此倒是挺熟，最后小年轻就把"大花"又让给了老陶。

因为竞标这件事情，老陶的媳妇认定背后是老书记搞的鬼，如果不是老书记盯上了"大花"，鼓动村里的小混混们要求竞标，谁敢打他们家的主意？为此，老陶媳妇与老书记当面吵了几次架，并且持续不断到上级部门告老书记的状，揭发他主政花村几十年的黑历史。上级部门尤其是花镇的领导面对上访，也是头疼得很。处理吧，这陈年旧事要搞清楚也不容易，搞清了对上面领导也不见得是件好事；不处理吧，老陶媳妇就四处举报，而且还拉着几个邻居一起上访。特别是有大领导下来花村视察，只要老陶媳妇知道消息，一定到现场举报喊冤，搞得村里镇里的领导都很不开心。

无人满意

事情还没完。不久老书记就在"大花"旁边花了几千元也买了一套旧屋，由政府改造装修至少花了20万元，准备也搞农家乐，名字也想好了，就叫"红花"。老陶媳妇怎么可能让老书记在眼皮底下赚钱，于是把车停在老书记新买的旧屋的院子里，并且天天到人家里吵架，同时加大了上访的频度。花镇领导不胜其烦，私底下跟老书记商量，你看这样的情况也不可能做得了生意，干脆把这房子卖给镇里得了。老书记开始是不同意的。听说，最后镇里以十几万元的大代价把老书记的旧屋买走了。现在，房子在花镇手里，政府前后花了30多万元的代价。虽然镇里后来也几次尝试出手给其他村民经营，都被老陶媳妇赶走了，只好空在那里。

现在，两家农家乐的合同又到期了，但是政府根本不想再重新竞标，只是要求涨租金。老王的"新花"涨到1万元，政府的人来回跑了几次，老王还是把钱给交了。至于"大花"的租金应该算多少，则一直有争议。政府认为要按照当年的竞标价计算，老陶媳妇则坚持只能跟"新花"一个价。因为争执不休，"大花"的租金一直都没有上交，政府也无可奈何。没人愿意去捅这个马蜂窝。

旁边的村民，也开始跟着在自家的老屋搞起了农家乐。只是政府不再承担全部的改造和装修费用，而是以奖代补每家给5万元，而且这些钱是给到工程队，由他们拿着这笔钱去购置材料帮村民做一些统一风格的外部装饰。至于全屋改造、装修和购置设备，村民只能自己再掏十几万元出来。

先后有上十家农家乐开张，很快大家就发现，生意根本没那么大。原来两三家开店还可以赚一些，四五家还可以收支持平，上十家同时开，大半的农家乐都要亏本。没几个月，就有几家农家乐关门大吉，能赚钱的还是那两三家。只是那些关门的农家乐，农民十来万元的投资也就像打了水漂，向谁喊冤去？

而那些想开农家乐却没资本开起来，以及根本没想过开农家乐的农民，他们心里也不爽。政府投入这么多钱搞美丽乡村，为什么只是肥了企业老板和少数几个农家乐老板，我们平头老百姓无非想好好种个田，却没人来关心那条破损的渠道和被大风刮倒的泵站什么时候有钱修理。

美丽乡村建设，政府砸给花村的钱真不算少。可是受益的企业（嫌土地租金贵了、嫌政府免费修的渠道不好用）和赚钱的农家乐对政府不满，亏本倒闭的农家乐对政府不满，种田的平头老百姓也对政府不满。你说奇不奇怪！

"政府真是个冤大头啊"，老王说着同情的话，却给人感觉有那么一点幸灾乐祸的味道在里面。

政府如何引导农业产业化?

　　大致来说，可以将农业产业化分为两种类型。一种是以农民为主体的规模化种养，一种是以企业为主体的规模化种养。这两种产业化类型，背后都有政府力量的推动，其目标都是提高农民收入，实现农业现代化。以 2000 年左右为分水岭，此前的规模化种养一般以农民为主体，之后则以企业为主体，虽然很多地方会倡导公司加农户，但是企业始终是龙头老大。为什么 2000 年左右是分水岭呢？因为那几年把农业税费取消了，干群之间的互动机会骤减，地方政府通过村集体来组织农民的能力大大弱化。因此，之前地方政府可以将农民组织起来搞规模化种养，税费改革之后就很难组织了，政府只好转而通过农业企业来推动规模化种养。本章讲的是花镇农业产业化的变迁故事，颇为有趣。

突然被"民非"了

　　老刘是花镇农业办的负责人。说是负责人，其实整个部门加上他也就 3 个人。前几年上面要求搞以钱养事改革，把七站八所改成民办非企业，试图推向市场，结果很不成功。这个改革伤了很多人的心，包括农业办在内的七站八所人员都变得有些消极。最主要的原因是身份变了，原来感觉是政府的人、公家的人，现在好像是被舍弃的人，跟公家没什么关系，连提拔调动都没有资格。

民办非企业，真是个奇怪的名堂，老刘到现在还不能顺畅地把这个名称念完。老刘是 1995 年来的农业办，这么多年来一直也没挪过位置。想起来，当时也是个壮志满满的青年，经历了几轮的改革之后，老刘已经开始有些倦怠的感觉。乡镇农业向何处去，老刘越来越困扰；而个人身份的"民非化"，也让他看不到未来的发展方向。

刚来农业办的时候，花镇的农业还是以水稻和小麦为主，当时农业税费是比较重的，但是乡镇也没有从中受益太多，主要还是交给县里。老刘依然记得，那些年他们的工资是由乡镇财政发放的，但是经常发不出来，甚至年底了都拿不到钱。如果镇党委书记跟县领导关系好一点，还可以私下做做工作，让县财政给乡镇支持一下；关系一般的，那就只能勒紧裤腰带过日子了。

打开西瓜的市场

花镇的转机是河南人给带来的。那个时候不少河南人为了躲避计划生育，跑到花镇躲起来，顺便租当地农民的田地来种西瓜。结果，西瓜的效益还真是不错，花镇的领导就动了念头，希望全镇农民都来种植西瓜，率先把西瓜产业发展起来。愿望是好的，但是落实起来一点都不容易，因为农民种惯了水稻小麦，要他改种西瓜，心里一点都不踏实。万一种了卖不出去，那不亏大了。

花镇领导也算是铁定了心要搞西瓜产业，既然农民不愿意种，那就让党员干部带头先种，种好了再带动农民一起种。可是党员、村干部也是农民啊，心里也是一万个不情愿。但是领导说了，可以，不种西瓜那就别当干部，回家当农民得了；你是党员吧，党员还是要讲党性滴。没办法，这些党员干部们只好硬着头皮先上，不仅自己要上，还要动员自己的亲戚上。结果一上就爽了，这些先行者通过种瓜都富了起来。那些原本犹犹豫豫的农民一看，这还得了，赶紧找村干部请教如何种瓜。再不种瓜，就是个傻瓜了啊，老刘抿着嘴偷偷笑了一下。

河南人的脑子就是聪明，什么事都走在前面。这不，到了1997年，又是河南人率先在西瓜地里套种棉花，花镇的农民也跟着学了起来。一块地，同时有双份收获，农民可乐坏了。当然，真正胆子大的农民总是少数，即使到了1997年，还有很多农民持观望态度，还是担心西瓜卖不出去。

为了解决农民的后顾之忧，花镇领导决定来一个大招，带领乡村干部奔赴全国各地，打开花镇西瓜的市场。从1997年开始，镇政府每个部门包一个省的市场，留下一两个工作人员在办公室办公，其他人各自带领几个村干部，开赴所负责的省市进行西瓜宣传。那真是一段激情燃烧的岁月，老刘顿时两眼放光，嘴角上扬。想想那个时候，每个乡村干部身上都穿了印有"花镇西瓜顶呱呱"的文化衫，每到一个批发市场就到处发名片，这是一幅什么样的场景啊！老刘还记得，当年他包的是湖南省的市场，每个地级市他都跑遍了。

别说，这种看起来有点简单粗暴的宣传方法，在当时那个年代还真的起到了明显的效果。很多省份的市场就是这样被打开了。第二年，就有很多瓜商打电话过来，想要来看瓜买瓜。这一下子，种了瓜的农民心里有了底，还没种瓜的农民也开始撸起袖子准备试一把。

市场打开之后，更重要的是维护。花镇从一开始就非常重视提高当地的营商环境，明确要求本地瓜农不得欺压外地瓜商，否则就让派出所抓起来。那些年，派出所还归花镇政府管辖，基本上是政府指哪打哪。也只有用好这点暴力手段，政府才可能把一些歪风邪气打倒。老刘显出一副正气凛然的样子。

解决了市场的问题之后，花镇的领导又着手解决西瓜种子的问题。为了提高西瓜的品质，以及减少农民的种植风险，花镇统一到广州某公司采购西瓜种子，由财政先行垫资，待农民将西瓜卖出之后再把种子钱还给政府。

政府之所以卖力推广西瓜种植，一方面是提高农民收入，另一方面也是提高政府自己的财政收入。农民种西瓜，花镇就可以收取农业特产税，当时一年大概可以收到300多万元。虽然跟三提五统的收入相比，这300多万元不算太多，但是三提五统主要是提交给县里的，而特产税的收益则主要留在镇里。就因为那几年收的农业特产税多，花镇利用这些钱重新盖了政府大楼，一直用到现在。

把准西瓜的档期

2000 年左右，西瓜开始出现枯萎病，并且愈演愈烈。花县政府直接出面，组织花镇的农民到山东青州、昌乐观摩西瓜嫁接的技术。同时，政府还出资聘请外地技术员来花镇搞嫁接技术培训，一搞就是两年。开始用葫芦苗嫁接，后来也出现感染，改用南瓜苗嫁接。南瓜苗嫁接的抗病效果是不错，但是因为南瓜苗发育时间较晚，结果西瓜出来的时间跟河南的瓜期相撞，不利于市场销售。

2002 年，花镇开始引进丹阳的无籽西瓜，产量高，效益很好，瓜棉套种的话，每亩地可以搞到 3000 多元的收入。2006 年，政府从"台湾"引进了黑美人的西瓜品种，现在大多数农户种的都是黑美人。

2003 年左右，花镇开始出现西瓜代办，也就是对接瓜农和瓜商的经纪人。一开始，政府并不喜欢代办，因为代办会通过统一收瓜而收取差价。比如说，瓜商给代办 5 毛钱买瓜，代办找农民买只给 4 毛钱，另外还跟瓜商收取每斤 3 分钱的服务费。这种情况有一定的普遍性，特别是在西瓜行情不好的时候，代办就容易压低农户的价格；行情好的时候，代办则要跟农户说好话。问题是，这些年来，西瓜行情不好的情况占多数。

不过，代办的出现，对农户来说还是有好处的，可以省去自己找瓜商的麻烦。而且代办一般都是本村人，即使想赚差价，也不敢太过分，否则以后瓜俏的时候就没人卖给他。再后来，一些交通便利的路口自发形成了西瓜市场，而且农民也都有自己的大车，收了瓜之后直接用车拖到西瓜市场去卖，瓜商自己到市场里挑瓜，也就不再需要代办。除非瓜商没时间自己挑瓜，也可以继续委托代办。

自发形成的马路西瓜市场，虽然用起来方便，但是一到西瓜交易季节，黑压压一片都是瓜农、瓜商和西瓜，导致道路的堵塞，还容易出现交通事故。出于这些考虑，花镇在2007年左右就投资建了西瓜交易市场，让瓜农和瓜商统一到市场进行交易。

花镇的西瓜主要销往湖南、河南、广西、广东、四川、福建、江西等地。当然，最主要的还是两广地区和福建，这些地方的经济比较发达，工厂比较多，因此更愿意买瓜消费。

哪些地方出产的西瓜比较多呢？换言之，花镇西瓜的竞争对手有哪些？刚开始的时候，全国种西瓜的不多，能跟花镇西瓜竞争的对手很少，因此市场效益很好。但是这些年来，能大面积种西瓜的地方越来越多，市场供给量大幅度增加，严重压缩了花镇瓜农的市场效益。在这种全面种瓜的年代，每个地方只能抓准自己出瓜的档期，尽量跟其他地方错峰上市。比如说，广西、湖南永州这些地方的西瓜是4—5月份上市，接下来的6—7月份就是花镇西瓜的天下，7—8月份则是河南的西瓜，银川的西瓜在8月份最后登场。如果你错过了自己的档期，特别是受气候影响，不论是提前了还是滞后了，都将跟其他地方的瓜期撞个满怀，影响彼此的销售量。

农业只能搞计划经济？

受到枯萎病的影响和其他竞争者的市场挤压，再加上地方政府在税费改革之后几乎不再热心掺和以农民为主体的组织化种养，这几年花镇的西瓜种植几乎是断崖式下跌。最高峰的时候全镇种了10万多亩西瓜，目前只剩下一半左右。退出西瓜的农地，如果水利条件较好，农民就改种水稻小麦；如果水利条件较差，则改种其他林果。这些年，林果种植面积上升很快，目前少说也有5万亩。

在花镇现有5万亩的林果中，少说也有3万亩是红桃。这些红桃是2009年前后农民从枣阳引进来的，品质很不错，每年5月底就可以上市。黄桃呢是近些年开始种起来的，但是面积不大。另外还有不少的李子，李子比较奇怪，只喜欢在不肥沃的土壤里生长。另外一个品种是软籽石榴，生长周期太长，老刘认为可能跟花镇长期种西瓜、花生留下大量的除草剂有关。这些残留的除草剂也许抑制了石榴的生长。这几年，农民觉得软籽石榴的收获周期实在太长了，已经开始陆陆续续砍掉了。

现在农民种林果，主要是听市场的，什么水果好卖就种什么。这种盲目随从的种植方式，很容易导致一窝蜂上、一窝蜂下，在丰收年的时候反而赚不了钱。但是政府也没有动力去组织农民搞规模化种植，不像20世纪90年代那样有激情。现在的政策环境完全不一样啦，事情搞多了，很容易出问题受处分的，而且农民都散了，你想组织也难呐。老刘作为农业口的老人，也只能摇摇头叹叹气。他还记得，前些年有个法国的前农业部长被邀请到市里讲课，就提到一个很特别的观点，"农业不能搞市场经济，而只能搞计划经济"。

别说在花镇，在全国其他地方，政府都不敢提"计划经济"。但是中央是明确希望地方政府尽可能创造条件推动农业产业化，大力搞特色种养产业。农业税费改革之后，地方政府很难动员农民大规模搞特色种养，也不敢动员，万一失败了会被农民骂死。现在跟过去，那可大不一样了，老刘流露出一丝不易察觉的苦笑。

既然农民动员不起来，也不敢去动员，但是又要搞农业产业化，那就只能依靠农业企业或种植大户了。大概的逻辑是这样的，先推动大规模土地流转，把分散的土地集中到农业企业或种植大户手里；然后政府只要跟少数几个农业企业和种植大户对接即可，既省力又省心。现在，上面下来的涉农资源越来越多，对于地方政府来说，理想的模式是将这些资源集中投放给农业企业和种植大户，鼓励其大力发展现代农业，并带动其他小农户发家致富。

前几年，花村被列入花县的美丽乡村建设示范点，成为花县和花镇重点打造的村庄。花镇要求花村的干部必须在短期内把很大一片农地流转给集体，再由集体统一租给农业企业。土地规模化流转真的能够推动农业产业化吗？老刘心里是怀疑的。他曾经听某个高级别的农业部门官员说过，土地规模化流转最后基本都是死的。作为最基层的政府，又是农口部门，老刘自然知道，那些流转了大量土地的大户和企业，请工都不好请，而且工人管理也非常困难，很难保证这些农业工人尽职尽责。

为了支持花村的开发，政府将农田整治项目，也优先安排给花村，尤其是农业企业所在的项目点。花村的农田整治费投入超过2700万元，其中作为农业企业配套建设的投入就超过1000万元，包括两个总投资800多万元的温室大棚和各种水利、道路设施。由于资源集中到项目点所在村民组，其他村民组对于基础设施建设的需求就很难得到有效满足。比如有个小组长就抱怨说，他们组的一个泵站坏了好几年，虽然一直跟村里申请进行维修，但是根本得不到落实，直接影响到农户的粮食种植。

农业向何处去？

有时候夜深人静，老刘也会思考农业的前途到底在哪里。以花镇来说，唯一有特色的产业是西瓜种植，现在对于政府来说俨然成为一根鸡肋。如果要大发展，似乎只能走高端路线，全部采用大棚种植。但是这样做的话，马上就面临其他一些棘手问题：第一是资金问题，一个大棚要投资1万元，谁来投资？农户是出不起这个钱的，企业是不愿意投这个钱的，政府是没有这个钱来投的。第二是人工问题，既不好找人，找到了也不好管理，结果人工成本可能要超过收益。第三是市场销路不行，并没有那么多人喜欢吃高端西瓜，普通的西瓜已经能够满足大部分人的需求了。

搞三产融合呢？貌似也不可行。把西瓜或其他水果深加工，很困难，现在道路交通和物流技术发达，大家宁愿把水果运到沿海的加工厂。搞电商销售呢？老刘他们曾经跟拼多多接触过，对方并不太愿意做生鲜市场，因为容易坏掉，容易亏本。再有呢，中西部整体的投资环境都不太好，一方面本地没有钱，另一方面外面企业进来，经常会遭遇"雁过拔毛"的折腾，大家都不太愿意来投资。

说回农业办的主业，主要是开展农业技术推广和高标准农田建设。在农业技术推广方面，主要是大田农业病虫害的防治。这些年老刘他们已经不经常下到村里进行技术指导，而是通过微信群把信息转发给村干部，特别是针对水稻、棉花病虫害的防治。至于这些信息是否起到了效果，老刘也没时间、没心思去过问。

在土地平整方面，老刘他们遇到的主要问题是农户的协调难度极大，他们想通过村干部去动员农民搞土地平整尤其是小块并大块，但是村干部也没有积极性，因为一动员就容易引起上访，无异于引火烧身。所以，花镇搞了那么多个村的土地平整，真正能够实现小块并大块的村子也就一两个。至于上头提倡的通过有机肥投放来提高土壤肥力，实际上也不靠谱。1 亩田投入有机肥需要 600 元，而上面的项目只够投资一年，要让农民自己后续再投钱搞有机肥，基本上没人愿意。

老刘也知道，农业基础设施建设确实需要搞。比如农田水利的除险加固，堰塘整治，泵站维修，工程投入的钱都挺大的，政府这些年也投入不少。但是后期的管护效果却很不理想。镇里把责任交给村里管，村里既没有钱请人管护，又没能力组织农民免费管理。结果，上面投下来的钱，大部分给了明星村、农业企业和大户搞农业产业化却频频面临失败，少部分投到广大农民切实需要的基础设施建设上面又得不到好的管护。

第五章

村官难当

村里来了个年轻干部

回来吧年轻人！

小飞大概连自己都没有想到，有一天他会成为村里最年轻的干部，并卷入村庄开发引起的权力斗争之中。

出生于 80 后的小飞，在外省读的大学，专业跟农业相关，毕业后一直在省城上班。跟其他年轻人一样，小飞按部就班地完成了买房、结婚、生娃的人生任务。工作几年后，小飞成了单位某部门的负责人，年薪也突破了 20 万元，在外人看来是风生水起，小飞心里清楚，自己大概也接近职业发展的天花板了。

周围的人都在说，人到四十，这一辈子差不多也就定型了。奔四的年轻人，工作生活虽然有了着落，心里总免不了有些惶恐和焦虑。

由于工作的原因，小飞经常要回到农村开拓市场。跟农民打交道多了，小飞时不时也能感受到泥土地的召唤和诱惑。诱惑来自商机。农村很好的干香菇只卖 20 多元，在省城的市场能卖到 60 多元。于是，小飞经常把农村的土特产倒腾到省城卖。后来，小飞又发现某种稻米在省城很受欢迎，干脆在老家自家田里种起了这种牌子的稻米，采用原种稻和有机种植，产量很低，1亩就七八百斤。

在小飞看来，这算是一种兼职的返乡创业吧。直到几年前的一天，当时镇里的党委书记老江找到小飞，问他愿不愿意回村里发展，当个村官。小飞有点犹豫，兼职创业和回村"当官"，那性质可大不相同。

老江书记继续抛出橄榄枝，说镇里准备大搞"美丽乡村"，项目点就在你们村，这可是个大展身手的机会啊，错过就没有了；你看你们村的几个老干部，一干几十年，现在加起来都不止300岁了吧，回来吧年轻人！

现在要选一个合格的村书记很难，主要就是因为年轻的后备干部严重匮乏，大家都往城里跑，当个小打工仔都愿意。从全镇来看，至少有三个村书记超龄，还有三四个马上超龄；40岁以下的村书记不是没有，也就有三四个。村干部老化，这在中西部农村不算是特别的现象。

稻虾共作

快奔四的年轻人，内心的火就这样被点燃了。回乡当村官，就这么定了。反正公司也没意见，还把这个区域的项目交给小飞负责，方便他在村里开展工作。

还没到选举时间，小飞只能从后备干部干起。一般来说，后备干部是从小组长里面选拔的，作为下一届可能的村两委干部进行培养。小飞依然对创业充满热情，当了后备干部之后，他就想着有没有可能带动村民一起搞稻虾共作的产业。第一步是自己先搞起来，形成示范。有了后备干部这个不大不小的"官职"，对于小飞流转土地来说倒是提供了不少便利，农民一般还是给他面子，一年时间他就流转了 60 亩连片的水稻田，每亩租金 400 元，总共涉及十七八户农民的田。换作是普通村民，想要成片流转这么多的稻田，恐怕是不容易的。

流转的土地都签了十年的合同。小飞把 60 亩的稻田平整成三块，因为找的是相识的土地平整公司，价格还算便宜。小飞的初衷是通过土地流转形成规模经营，带动农民一起发展，成立合作社抱团买饲料。然而，现实总是那么骨感。虽然也有农民跟着搞稻虾共作，但是田地都是小而分散，非常不方便。当年分田到户，为了公平起见，好田差田平均分，每家每户都分到几块好田几块差田，而且分布在不同地方。种了这么多年地，农民都觉得不方便，都想把土地小块并大块，但是如果没有国家土地整理项目支持，农民自己也很难操作。毕竟谁都想要好田。

然而，这几年土地整理项目也不少，但是真正整理到位、实现小块并大块的案例并不多见。小飞所在的村不是没搞过土地整理，然而由于村民意见难以统一，这个有意见，那个不服气，村两委也懒得推动，结果土地整理也只是搞搞沟渠、修修机耕道，地块还是分散的。是不是所有土地整理项目都这样草草收场呢？显然也不是，村民都知道，同镇的另一个村因为村干部很得力，干群关系融洽，他们的土地整理真正实现了小块并大块，农民耕种非常便利。眼红归眼红，就算大多数村民都喜欢种大田，只要有几户农民反对，村两委没有意愿也没有能力去推动，最终的结果依然是种麻烦的小田。

小飞的稻虾共作，看来示范效果并不理想。去年他把自己的20亩田租了出去。

曲线救国

村里的工作，阻力也比小飞想象的要大。老干部们似乎并不太欢迎他回来。有一次村里准备在河对岸建个房子，也算是美丽乡村建设的一部分，由老村书记负责规划建设。按照老村书记的意思，建个房子不算个大事，直接平地建起即可。村里其他的房子也都是这么建的。但是小飞提出不同的想法，他从自己的专业角度出发，指出如果在河边平地起房，河水一旦涨起来就会把房子淹了。老村书记不以为然，我在村里建立一辈子的房子，还轮到你来指手画脚。

小飞坚持自己的想法，见老村书记不为所动，就直接找镇里的老江书记反映情况。江书记觉得小飞讲得有道理，就让分管的副镇长直接介入，按照小飞的意见，把地基抬高了一米半。后来果真发了大水，房子因为地基抬高而没有被淹到。

之后小飞申请入党，遇到了很大的困难，老村书记始终不同意。看来还是把老村书记得罪了，小飞心里有点郁闷。入党有一系列的程序，第一步是递交入党申请书，第二步是党支部与申请人谈话，后面还有很多步。如果你递交了申请书，党支部不跟你谈话或者跟你谈话之后认为你条件还不具备，那么你后面的程序也就不用走了。即使上面给压力，一定要党支部为你开启培养的程序，你还要面临党小组或党支部的讨论推荐，换言之，每个党员都有可能认为你条件还不具备而反对你入党。老村书记在这个位置上经营了几十年，绝大多数的党员都是他发展起来的，如果老村书记认为小飞不具备入党条件，多数党员也不会有第二种看法。

后来，老江书记为了解决小飞入党的困难，采取了"曲线救国"的方法，先让小飞在镇里的社区入党，等转正之后，再把党员关系转回村里。

集体下台

美丽乡村建设一启动，村里各种复杂的利益关系纷纷浮出水面。比如说村里的河道，以前一直都是由几个小混混承包用来挖沙。实际上河里也没多少有用的沙，混混们没捞到什么好处。眼看着承包合同马上到期了，而河道因为美丽乡村建设的需要也面临开发，于是混混们突然提出要延长合同期。村里的老干部则希望河道开发的收益归村里。双方就这么僵持着。有一次，混混们趁着村干部不在，把河道里用来游玩的小游艇小竹排都给砸了。

美丽乡村建设，主要工作是引进了一家农业企业。为了支持企业发展现代农业和乡村旅游，带动农家乐的生意，政府投入了大量的财力物力。一方面将涉农资金整合优先用于这个项目，另一方面推动农民将土地流转给村集体，村集体再流转给企业。关于土地流转费用，政府一开始规定 400 元 1 亩，很多村民都不同意，到处打听，发现其他村的流转费用更高。因为是政府确定的费用，村干部也只能强推。结果闹出了很多矛盾，村民开了几个拖拉机，跑到市里上访。这么大规模的上访还得了，镇里的老江书记赶忙组织人马，一面围追堵截，一面做思想工作。不再上访可以，提高土地租金。在村民眼里，经济似乎才是最有用的思想工作。没办法，最后政府只能答应，每亩租金涨到600元。

没搞美丽乡村之前，村里几个老干部的关系都很好，工作配合得也算是默契。美丽乡村一开工，矛盾就来了，而且三个老搭档都提前下了台。为了体现美丽乡村建设带动农民致富的作用，政府希望村里把农家乐搞起来。一开始没有农户愿意搞，老书记的两个副书记老甲、老乙就率先开起了农家乐，门面由镇里买下免费提供，作为一个示范。没想到生意还挺火爆的，不少村民就要求公开竞标这两个门面。结果老甲的门面租金被哄抬到几万元。老甲的爱人非常火大，认为是老书记派了几个混混来恶意竞标，就是想整老甲。从此，老甲一家与老书记势不两立，见面就吵。不仅如此，老甲的爱人还不断上访，要求彻查老书记，让镇里的老江书记很是恼火。老甲必须下台，这是镇里面的共识。

老乙为什么会提前下台呢？美丽乡村作为市里力推的项目，涉及不少的资金投入和工程建设。在村里，小的工程有老书记把持着，大的工程都需要招投标，村里即使想要找关系承接也不容易运作。镇里的领导就不同了，关系网广得多，也硬得多。有位镇领导看中了村里的工程项目，也掺和了进来。老乙和其他村干部都知道里面的猫腻，其他人也不说什么，老乙却觉得这位镇领导表面一套背后一套的做法有点令人生厌。加上平时的一些小摩擦，老乙和镇领导彼此都不对付，只要这位领导来村里检查工作、开会布置任务，老乙干脆都不参加，很不给镇领导面子。既然老甲要下，老乙也一起下得了，镇领导也觉得舒心。

老书记提前下台那几乎是必然的。老百姓看他不顺眼，镇里也对他一肚子火气。老江书记有自己的想法，在这个新时代，要搞乡村振兴，你比如说眼下这美丽乡村建设，想靠原来的老办法估计是不行了。也该是年轻人当家作主的时候了，趁早让村里的老干部下来，给年轻人一个施展手脚的机会，其实也是个好事。

老江书记当然想到了小飞，当初就是他把小飞引过来的，希望小飞有一天能够在村里当家，给村里的发展带来一些新思路，也给其他村树立一个美丽乡村建设的榜样。只是没想到老书记那么不配合，总是给小飞使绊子。正因如此，江书记更加坚定了必须换人的决心。

也有人说，老甲和老乙是老书记拉下台的。老书记知道自己必须提前下台的命运之后，跟组织要求老甲和老乙也必须一起下，而且要把自己的一个亲信安排到村委会任职。总之，在离正式选举还有几个月之前，村里的三位老干部就下了台。

换届选举的时候，镇里当然是希望小飞能当选书记，结果在党员推选那一轮就没有通过。原因很简单，小飞的党员基础不行，很多老党员都不认识他，或者不认他。何况还有一些人背地里说他到村里之后通过搞工程以权谋私。镇里虽然可以来宣传动员，但是也很难直接控制村书记的选举结果，至少程序上要过选举这一关。

不过，村副书记则可以由镇里直接任命。于是，小飞就成了小飞副书记。而新的村书记由原来的一个老干部担任，为人老实；老书记的亲信也进了班子。另外一个新当选的干部，大家都知道他是村里一个混混的亲信，有人说是"安插代理人"，有人说"谁知道呢"。

村干部的美感

自从镇里承诺提高土地流转费用之后，土地流转的工作就顺利多了。而且新上任的村干部也想表现一番，对镇里的各项工作安排都言听计从。这次村干部的大换血，虽然没能把小飞推到书记的位置上，但是镇里也不亏，经过这么一腾挪，村领导班子听话多了。美丽乡村的各项工作也按部就班开展起来。

唯一不顺心的大概就是小飞副书记了。这番折腾，没能当上书记，在村领导班子里依然是被排挤的边缘人物。有一个同情老书记的同事，甚至跟下面的小组长放话，让他们不要听小飞的工作指令。村领导班子都认为，美丽乡村建设是头等大事，交给小飞不太合适，于是把这方面的管理工作也收走了。小飞也没反抗，也没再给镇里写信。快奔四的他觉得有点没意思，自己就在市里注册了公司，把多数时间用到自己的生意上面。只是上面有领导来视察的时候，村里还是会把小飞叫回来，负责接待和介绍美丽乡村的建设情况。现在其他村干部对他的定位就是，"负责接待介绍的"。

后来镇里的老江书记升官了，来了一个新的党委书记，何书记。何书记也很支持年轻人主持村里的工作，在他看来，这是一个必然的趋势。现在越来越多的行政工作下沉到乡村，各种表格填报和统计，老同志们确实适应不过来。更重要的是，现在所有的基层工作都要求出成绩、出亮点，你想要出成绩出亮点就必须脑子灵光，有思路。对于乡镇来说，村里的那些老干部显然已经不适应时代的需求，工作方法老套，能不做就不做，而且根本拿不出什么能吸引领导眼球的工作思路。你比如说美丽乡村建设，要求把农户门前的干柴码整齐，那些老同志就随便一堆，一点美感都没有。"美感教育，这是目前农村干部最需要的"，一个在县里工作的干部曾经在会上强调。年轻人毕竟受过更好的教育，更容易有工作思路，当然也更有"美感"。

何书记有时候也感慨，现在的农村工作真不好做，老派的村干部一点都不积极、不主动。你让他种几棵树，他就等着你给他确定种树的具体时间；确定了具体时间，他就给你打电话，问你两棵树的距离是两米还是三米。

村里的老干部也很无奈，以前我是积极主动，想怎么种树就怎么种，结果上面的领导总是怪我这没种好那没种对，还怨我没有"美感"，那我就干脆通通听你的指令，至少不会犯错。

年轻村干部的思路就开阔多了，经常能想出一些吸引领导眼球的主意，对于镇里部署的工作安排，也能够积极完成。两相对比，镇里领导当然喜欢年轻村官。

问题是，一方面村书记也不是年轻人想当就可以当的，像小飞这样，镇里那么支持，最后还是没当选；另一方面年轻人当上

村书记之后也不一定讨老百姓欢心，相隔不远一个村的书记就是
30多岁，老百姓觉得书记成天往镇里跑，也不见把村里的水利设
施和机耕道给搞好一点。

"总之，谁当村干部和我有什么关系呢，上面领导开心就
好。"老胡倚着他的破拖拉机，目光所及，仿佛只有蜿蜒小路尽
头的那片稻浪。

老牛当了村书记

村干部这点事

老牛成天开着一辆破旧的皮卡，要不是旁人介绍，你都不知道他是花村堂堂的村书记。你可以不知道老牛书记，但是花村你应该知道，那可是市领导亲自指定要大力扶持开发的明星村。

被庄稼打磨得起皱的一张脸，加上咧嘴一笑就眯成一条线的小眼睛，你很容易记住老牛的特征。50岁出头的他，在分田到户不久就当了小组长，后来不知怎么搞的成了小组的会计。20世纪90年代初，被老书记相中，老牛荣升村里的会计，然后就在这个位置上干了20多年。直到前几年老书记意外下台，作为最不坏的选择，老牛才被镇领导推上了书记的位置。

老牛这几十年的工作顺风顺水的，没啥特别的事根本不需要到办公室去，几乎就是个兼职，大把的时间可以用来干自家的农活，顺便做点小生意。

黑美人

1982 年分田到户，老牛和其他村民差不多，脸朝黄土背朝天，心里只有家里那几亩水稻和小麦。虽然在小组里也算是一官半职，除了催催公粮、管管水利，老牛主要还是忙家里的农活。大概是从 1994 年开始，有一帮河南人开始来花村包地种西瓜，1亩地的租金可以达到 200 元。想想现在包地的租金 1 亩也才三四百，可见这几十年过去了，土地也没涨几个钱；如果刨去物价上涨的因素，也许地价还降了。

过了两年，本地的村民看到河南人种西瓜能赚钱，就不包地给河南人了，开始自己种。结果没人家河南人聪明，村民没种几年，西瓜就得了枯萎病，刚冒芽不久就瘫在地上蔫了。政府也鼓励农民种西瓜，给每个村都派了一个技术员。技术员就住在村里，教农民把西瓜嫁接到别的农作物上，比如南瓜。到了 2000年的时候，花村和周边的所有村几乎家家都种上了西瓜，不仅仅在旱地，连水田都改成旱地种西瓜。当年西瓜行情好，每家一年都可以收入七八万元，多的也有十几万元。

老牛还记得当年政府组织村组干部到全国各地跑西瓜市场的"峥嵘岁月"。花镇的工作人员，带上几个村组干部，分头到湖南、广东、广西、福建等地去开拓市场。老牛跟团跑了株洲、益阳、邵阳，到一个地方就发名片，派宣传单，吸引当地的瓜贩子来花镇收瓜。

也就是 2000 年左右，身为村会计的老牛，第一个在村里种了黑美人品牌的西瓜。前一年有一个广东的瓜商跟老牛说，现在广东的市场流行的是黑美人，你要不要种？虽然以前没种过这种品牌的，但是既然市场流行，何不种着试试看。于是老牛跟广东瓜商签了第二年的合同，约定每斤黑美人西瓜的收购价 3.5 元。老牛后来种了七八亩，狠狠赚了一把。其他村民马上也跟着种黑美人。

就像中年夫妻过生活

2003 年国家全面推开农业税费改革，2006 年 1 月 1 日开始全面取消农业税费。对于老牛和他的同事来说，这意味着原来的征粮收税工作完全免除了。本来工作内容就不多，这下子就更闲了。

一闲下来，老牛就干起了水果代办的生意，帮广东的老板联系瓜源。外地老板过来买瓜，人生地不熟，需要依靠本地人帮忙张罗。一来是方便找到充足且质量好的瓜源，二来遇到和农户的纠纷时也可以有个中间人协调协调。生意好的时候，水果代办一年赚个十几万元不在话下。

当然，代办都是兼职着做，因为这生意就是个季节性的活，一年也就忙那么几个月。像老牛这样，主职还是农民，琢磨的主要是种什么作物能多赚点钱；当村干部呢，就是个副业；做代办当然也是个兼职，无非是利用村干部的关系网络更有优势。

税费改革之前，老牛和他的同事虽然主职还是种田，但是因为要从农民手中收粮征税，也要花不少精力来搞搞农业基础设施，比如农田水利，比如机耕道，比如病虫害防治，等等。否则到了收粮征税的时候，农民就跟你扯皮：农田没水，收成不行，交不了农业税费。到时候还不是要村干部自己借钱先交给政府。因此，税改以前，老牛他们跟村民还是有很多交道要打，要吵架，要劝架，要吃饭，要喝酒，该帮忙的时候得帮忙，该使伎俩的时候也不能马虎。

简单说，就像中年夫妻过生活，吵吵闹闹中也透露了对彼此的依赖。

农业税费取消之后，农民更自由了，老牛他们更清闲了，干群之间就跟处于分居状态的两口子一样，基本上都不来往了。老牛和他的同事不用再找农民收粮征税，当然也就没心思帮农民搞农业基础设施建设。结果，很多渠道长满了野草，水放不了，好好的水田变成旱地或者荒地。

好看但没用的花架子

闲了几年，老牛和他的同事又开始忙活起来了。特别是这一次换届选举，老牛当上村书记之后，镇里开始要求大搞美丽乡村建设。老牛所在的花村就是试点村。作为省里首批试点村，花村得到了大量的关注，有很多政府项目资金都向花村倾斜。一开始的时候，省里就给了300多万元的建设基金，通过验收之后又奖励了50万元。

关注多了，资金多了，要做的事情自然也就多了。比如说要推土地大规模流转，将原本分散的地块先租给村集体，再由村集体把地统一租给引进的一家农业公司；比如要给老房子搞穿衣戴帽工程，在墙上画画，在墙角搞一些艺术设计；比如要建个展览馆，供越来越多的领导来检查参观；比如拆除旧村的房子、猪圈、厕所，搞增减挂钩项目；比如要做大量的文书工作，把各种有的没的材料做得既精细又好看以备检查使用。

用农民朴素的话来说，就是整一些好看但没用的花架子。

今年县里又给花村投入了1000多万元的乡村振兴基金，其他村都没有。这些钱主要用来搞沿河步行道、游客服务中心、绿道等旅游设施。这些项目主要由镇里的投资公司来建设，村里负责协调。当然，那些30万元以下的项目可以由村里刚成立的开发公司来承担。

老牛发现，这几年村里的工作越来越繁重了，也越来越不好搞。镇里的领导整天要求村里的工作要有新思路、新格局，要讲究美感，要能抓领导的眼球。可是老牛和他的同事实在玩不出什么花活，种了一辈子的田，如果说要讲如何把田种好、如何做农民的工作，老牛他们可以讲得头头是道。但是要讲究美感，要搞花架子，他们还真的不擅长。

村干部成为一种全职工作？

现在老牛他们的收入都是靠上面的财政拨款，他们的工作自然也越来越紧密地围绕着上级领导的指示来做。上级领导呢，也要想方设法抓更上一级领导的眼球。因此，整个基层工作逐渐脱离了基层，脱离了农民的需求。

虽然很多行政改革打着便民服务的旗帜，把大量的行政任务下放到农村,实际上这些行政任务主要就是填写表格,做各种留痕记录,跟便民服务没多大关系。

一方面,村干部忙得不可开交,都没时间走出办公室跟农民打打交道;另一方面,村干部忙的事务往往都不是农民关心的,而是上面关心的。农民关心的是如何有水可以浇地,如何有路可以走车,如何有便利靠谱的医疗和教育体系。这些都是基本的公共服务,也注定很难出亮点出政绩,抓不了领导的眼球,因此也就显得不那么重要了。

老牛现在已经没时间搞代办了,自家的田都没有多少时间去照料。村里的工作已经成了一个主业,虽然现在几个干部只需要轮流在办公室值班一天,但是几个主职领导尤其是老牛,隔三差五地就要跑镇里、县里开会。

听说有些地方已经要求村干部必须全天坐班了,老牛觉得有点不可思议。如果村干部真的成为一种全职工作,那么一点工资,怎么养家糊口?怎么吸引优秀的年轻人?如果要加工资,加多少合适呢?

一旦村干部成了专门坐办公室写材料的行政领导,谁来养活养好这些对农民没什么意义的村官呢?

拆了那个厨房！

美丽乡村建设，免不了要拆除一些旧房子。当然，并不是所有农民都愿意积极配合村组干部的工作，毕竟在很多中西部农村，房子拆掉之后也没几个补偿，留着还多少有点用处。对于村组干部来说，既然要拆，所有满足条件的旧房都得拆，否则那些已经拆掉的农户就会来扯皮，那些还没拆掉的农户就会继续观望。一般来说，乡镇不轻易动手，而是希望村里自己把问题消化掉。村里呢，也不可能全靠书记一个人，每个村组干部都要包几个小组或几个钉子户，最终"谁的孩子谁抱走"，拆不下来就是你自己的问题了。

新官上任

40岁出头的强子，看起来非常健硕。同为小组长，强子比老涂还要年轻些，虽然不像后者已经乐呵呵地当上了爷爷，但是强子早早就显示出了作为"地方领导人"的魄力，在村干部群体中混得很开。

跟老涂一样，强子也是初中毕业后就留在家里种田。不一样的是，强子并没有表现出对农业的痴迷。种田没几年，强子经人介绍到县里的一个化肥厂上班。进了厂才发现一点自由都没得，流水线的工作实在是有点乏味。坚持了几年，强子又回到家里继续种田，然后娶妻，生子，按部就班地完成种田人的人生任务。

就这样过完一生吗？健硕的强子内心总是有些躁动和不甘，仿佛人生还可以更精彩一些。2014 年，机会终于来了。强子被老书记相中，当上了小组长。虽然是中国级别最低的"官"，但是强子当起来依然觉得有滋有味，干起活来也更得劲。由于表现出色，强子很快就被老书记发展为预备党员，又过一年，就成了正式的中共党员。要知道，现在农村入党可不是那么容易的事情。

成为党员之后，强子的"仕途"又有了新的进展。2022 年，村里从小组长中间挑选了两个优秀者作为后备干部进行培养，强子就是其中之一。在花村，成为后备干部几乎就意味着一只脚踏进了村干部的圈子，不出意外的话，下一届选举就能顺理成章地进入领导班子。说起后备干部的事情，强子显得很淡然，似乎是理所当然的，毕竟自己又年轻，又是党员，而且干活又足够认真。

即使还是个小组长的时候，强子就积极参加村里的工作，一方面是自己也想进步，另一方面也是老书记有意栽培他。因此，村里一些修修补补、跑前跑后的杂活，基本上都被强子承揽下来了。虽然后来换了新的书记，强子因为一贯的积极很快得到了新书记的赏识。后备干部的选任，就是新书记和镇里的驻村干部共同决定的。

对于花镇来说，谨慎地从现有的小组长中间挑选出合适的后备干部进入村里培养，是一项非常重要的人事工作。在村两委的干部安排上，党委政府必须未雨绸缪，提前布局，这样才不至于到换届选举的时候太过于被动。因为经常到村里指导工作，驻村干部对每个小组长都很熟悉，了解他们的为人和能力，并授意村书记给小组长安排一些活干，干得好，就有可能提拔为后备干部。比如说强子，这几年驻村干部就经常跟他接触，给他安排脱贫攻坚和美丽乡村的一些任务，嘱咐他要好好搞。

成了后备干部，强子主要是跟着一个村干部开展工作，由这个村干部带着他熟悉村里的事务，学习如何当一个合格的村干部，为将来的换届选举做好准备。

散田难种

当然，强子首先还是个小组长，必须先得把小组里的各项工作打理好。他所在的小组离美丽乡村项目点不算太远，按照村里的规划，他们小组是下一步的发展重点，因此拆旧房、扫大路等工作也不少。一条马路穿过小组，在十几年前，组员们都纷纷在马路两边建了新房，大家住的集中了，交通也便利了。这几年也有几户人家到花县买了房子，都是年轻人结婚后自己买的。搬到马路边居住之后，村民原来的老房子就留给家里的老人住，如果没有老人住，就只能空在那里，慢慢老化坍塌，一些杂草野花也就随意地攀爬开来。

说起这个小组，强子觉得就是一个普普通通的湾子，在整个花镇也没有什么特色。这几年，强子开始有点为湾子里的男孩感到忧虑，似乎越来越多的男孩快三十了还没结婚。目前至少也有六七个吧，其中大半还是大学生。强子觉得这样老拖下去也不是一回事。但是这种事情，小组长也没法瞎操心，都是人家的私事，说多了反而不好。

花村的社会关系就是这样的，平日里大家和和气气，有说有笑，也经常在大树底下扎堆吹牛，但是人情往来却比较稀疏。你比如说结婚的时候，只是原来有人情往来的人才过来吃酒庆贺，而那些原来没有人情往来的，即使是同一个湾子、同一个小组平时玩得很好的朋友，也不会来吃酒庆贺。强子觉得这样也好，相互不增加人情负担。

不像老涂家里有那么多田，强子一家只有25亩。当然，这也比中国绝大多数农民的土地要多得多，虽然在花村，这只是个家庭土地的平均值。往年，强子主要是种西瓜和棉花，但是这几年经济作物效益不好，因此就改种水稻和花生了。今年，强子家的水稻有13亩，花生12亩。13亩的水稻—小麦轮作田由三块地构成，最小的才2亩，现在种水稻和小麦基本上都已经机械化了，就是除草还需要费点人工。花生地也是3块地构成，最远的两块地相差两三里路。

在花村，平均每户人家都有六七块地，种起来还是很不方便。虽然大家都想把地块整到一起，但是田也分三六九等，而且大小不一，靠村民自己调整基本上不可能实现。强子认为，这种情况下只有政府出面统一平整，重新规划水利和道路，确保平整后的田都差不多，这样才能解决地块分散的问题。

农机、农技和水利

在花村有一个农机合作社，由一个老村长、一个老组长、一个现任组长 3 人共同创建。机械是他们三人购买的，有插秧机、喷药机、无人机、拖拉机、播种机、施肥机、育秧机等 20 多台，其中要数拖拉机最多，几乎占了一半。平时，合作社也会雇用一些司机来开车，每天工资 200 元。强子有空也去合作社开车，主要是开插秧机，一天可以插秧四五十亩，一年的收入在 1 万元左右。

农业技术也很重要，但是现在政府似乎不太重视。前年因为小麦得了赤霉病，每斤只能卖出往年的一半价钱，农民都亏了本。水稻如果得了稻飞虱，很容易倒伏收割不了，这个病只能以防为主，但是每年喷药也不一定防得住。政府并没有花太多心思在这一块，只是统一发布农事农情的短信，然后村里跟小组长开会，小组长就在微信群里发个信息让大家集中打药。几乎都是程序性的工作，农作物该得病还是得病。由于政府很难提供有效的技术服务，农民只能私下找卖农药的老板咨询一下，老板也不一定很懂，往往只会给你推荐一些贵的农药。

说到农田水利，强子就感觉有点头大。虽然花村在水渠上游，但是因为这些年集体没法把农民组织起来清理和管护渠道，导致很多地块都用不了水。要知道，在集体时代，这个水库可以管 5 个村的农田，现在只能管花村和邻近的一个村。下游的村用水更是困难，每年 4 月水稻插秧，就是用水高峰期，天天都要派五六个人来花村守渠道，围着几十个水孔来来回回地巡查，生怕花村的农民偷偷拦下他们买的水。不过再怎么巡查，花村还是占了优势，加上渠道破败，很容易就把水漏到花村的农田里。为此，两个村经常都会起些冲突。

作为小组长，强子的一项重要工作就是收取水费。水费是按照水田的面积收取的，1亩收65元，其中45元交给水库，剩下的用来请人清淤。由于有些田用不上水，一些农民就拒绝交水费，或者只交少部分意思一下。强子所在的小组，涉及渠道2000多米，请人来清理杂草和淤泥，一天少说也要150元，水费经常都是不够用的。

要注意团结群众

对于强子来说，现在最烦的工作就是搞美丽乡村建设。好在花村的项目点集中在另外一个小组，强子所在的组虽然也列入下一步开发建设的规划，但是目前只需要搞搞人居环境整治即可。这项工作也搞了两三年了，小组的道路作了硬化，铺了石砖，给邻近马路的房子修起了小矮墙，马路两旁种了花和树，堰塘里种上了荷花。今年还打造了一个水环境的小景点，据说花了80多万元。当然，这些投入都是用的政府项目的钱，并不需要农民自己掏钱。

为了搞人居环境整治，强子也投入了大量的精力。一开始要给组员开会，宣布整治方案，尤其是强调要拆除一些闲置房屋。这两年下来，强子和村干部在小组里拆了30多间的闲置房屋，50多个猪圈、鸡棚、厕所、柴火棚等。拆掉之后，还需要帮村民重新整理好，确保有一定的美感。为了保持村容整洁，强子还请了一个保洁员，工资主要由村民集资给，每户每年60元，然后村里再补一点。实际上，并不是所有组员都支持这项工作，一些人始终不愿意交保洁费。

这些钉子户，有的是对村组干部的要求太高，希望闲置房屋被拆除之后能够得到重建，或者完全按照他们的思路来进行房屋美化。强子说，他们根本没有更多的资金来做这个，上面下来的钱主要集中用到大项目，而不是这些鸡零狗碎的事情上面。为了减少矛盾，强子他们的工作主要针对老人家，特别是那些已经不种田的老人，给他们做思想工作，让他们把农具卖掉，这样就可以把原来用来放农具的闲置房拆掉。

一般来说，对于超出宅基地面积乱搭乱建的建筑物，强子他们都会进行拆除，并且打出政府统一要求的旗帜，农民一般也不好吭气。毕竟是农民违建在先，他们的怨气主要是之前他们建的时候怎么没人站出来劝阻，以及现在被拆除之后为什么没给点补贴。

农村的工作方法，村干部一般是先从自家亲戚下手，因为亲戚比较容易配合村组干部的工作。但老是让亲戚先"吃亏"，也很难持续。强子就遇到过这种情况。他有一个亲戚，50多岁，还是低保户。强子做他的工作，让他把多出来的一个厨房拆掉。强子苦口婆心，显示自己工作多不容易，希望这个亲戚带个好头。亲戚听了很动容，表示完全理解强子的辛苦，然后断然拒绝了强子的请求。强子一下子蹦了起来，"你这明明是个危房，而且都没在用，为什么不拆"。亲戚表示自己喜欢这个不用的老厨房。强子又蹦了起来，"你还吃着政府的低保，没理由不配合政府的工作啊"。亲戚表示自己吃的是政府的低保又不是你强子家的低保，凭什么要配合？

强子一怒之下，直接把这个老厨房给强拆了。亲戚指着强子的鼻子，说出一些难听的话，然后就跑到镇里信访办，告强子胡作非为。镇里的领导派人下来调查，让强子以后要注意方式方法，注意团结群众。

改革，伤了农民的心？

税费改革缓解了20世纪90年代中后期农村紧张的干群关系，同时也造成了干群关系的疏远，以及乡村治理的悬浮。税费改革显然有其必要性，不改估计农村早就乱了；但是改革未能有效回应乡村治理的内在需求，在解决一个问题的同时又带来其他难解的问题。比如土地调整更加困难，农田水利陷于瘫痪，病虫害防治缺乏指导，等等。由于干群关系脱节，村级组织日益行政化，即使有越来越多的资源下乡，也常常处于空转的状态而很难转化为基层治理能力。

驻村干部

老蒋50多岁，人高马大，说话的声音相当洪亮。他的工作经历算得上丰富和曲折，20世纪90年代初期就在花村当出纳，后来又被借到花镇工作了几年，本来想着回来直接还在村里干，但是因为一些特殊原因，结果没进成，只好回家种田。又过了几年，村民把他选为小组长，干了十多年，然后就上到村里当了会计，一直到现在。

说起这些陈年旧事，老蒋也觉得有点好笑。但是那些年的基层工作，上上下下对于一个村组干部来说似乎也很正常，因为所谓的干部很大程度上无非是一份兼职，他们的主业还是种田。

20世纪90年代，乡村关系紧密得很，而且主要是围绕着农业发展转。镇里派下来的驻村干部，一下来就是两三个，天天都住在村里，村里要给他们准备吃的住的。当时交通也不方便，驻村干部只有周日才能回趟家。

天天住村里，有那么多事干吗？还真有很多事，你比如说各个时节安排农业生产，督种督收。当然，驻村干部主要是督促老蒋他们这些村干部，村干部再督促村民。那个时候的七站八所还很齐全，每个站所都要派人下来指导农业工作。

说起村里的试验田，老蒋就想发笑。当年驻村干部按照上面的指示，要求村里开展高标准种田。首先是搞了一块试验田，把水沟挖得笔直，把稻草铺在田里当绿肥。这样干的好处当然有，但是老蒋认为有点过了，农民都嫌麻烦，怨声载道，你把这块试验田不管划在哪一家都有人反对。因此，村干部只能让各个小组的农民一起搞突击，合作把试验田的活尽快干完。

这试验田一般都安放在公路沿线，老蒋认为这是为了方便上面的领导看到。第二年换个地方搞试验田，原来那块试验田又迅速回归一般的种植模式。看来试验田主要是面向领导的实验，并没有得到农民的认同。

当然，除了搞试验田，驻村干部也重视病虫害防治。一旦水稻小麦长了很多虫子，驻村干部就会追究小组长和书记的责任，特别是涉及公路沿线的粮田。因此，一到该杀虫的季节，驻村干部都会要求村里、组里开会，指导农民杀虫。

借钱，还钱

政府之所以这么重视农业工作，是因为当时要向农村收粮征税。如果不帮农民减少病虫害、搞好农业基础设施，农民的收成不好，政府到哪里收粮征税？对于乡村两级来说，农业税费是他们能够运行下去的主要经费来源，毫不夸张地说，农民就是他们的"衣食父母"。问题是，"衣食父母"的农业收入不可能有多大的增长，但是农业税费的征收却越来越高。老蒋还记得，20 世纪 90 年代末期，每亩的水费负担高达 600 多元，几乎是要了"衣食父母"的老命。

作为会计，老蒋对数字还比较敏感。早年每亩的税费并不高，只有两三百元，农民也没啥意见。后来负担逐渐加重，很多农民就采取"交一部分、欠一部分"的策略，反正也不说不交，只是不够钱交，先挂个账以后有能力了再还。结果就越欠越多，欠的越多越不想还。后来有一大波村民干脆弃田不种，跑到外地打工。税费取消那一年，有的村民已经累计欠了几万元，有一个小组总共欠了 20 万元，整个村欠了 50 多万元。

农民可以跟村干部挂账，村干部可没办法跟政府挂账，政府要求村里提交多少，村干部必须想办法给交上去。开始的时候，村干部先自己出钱垫着，可是后来窟窿太大了，村干部家里又不是开印钞机的，只能找亲戚朋友、找条件好一点的村民借钱。借多了之后，亲戚们意见都大的不得了：本来以为能从你那里得点好处，结果反过来成了冤大头。为了安抚债权人，村干部承诺所有借款将以村集体名义担保，并且给付较高的利息。

除了找村民借钱，老蒋他们也找信用社借了20多万元用来上交农业税费。当时就知道信用社开出的利息特别高，但是没想到有那么高，几年之后，利滚利，债务涨到了五六十万元。

农民欠村里的钱可以拖着不还，村干部欠农民的钱可不能长期拖着。还好花村有500多亩的机动地，每年承包出去有点收入，渐渐地就把欠农民的钱给还清了。欠信用社的钱呢，花村也还了20万元。这20万元怎么来呢？早前，花村有一个小砖厂，20世纪90年代初建起来的，开工后一直都处于半死不活的状态。刚好隔壁的一个监狱农场想要买这个砖厂，村里没怎么犹豫就出售了。监狱农场给了花村40亩旱地，外加10万元的现金。村里又凑了一些钱，加上这10万元，总共搞了20万元还给信用社，剩下的钱就一直拖着。

世道与人心

结果没过几年，税费改革启动，把原来农民拖欠的税费冻结了，不允许村里再去找村民要账。同时，村里欠信用社的钱也冻结了。老蒋每每想起这件事就心痛，早知如此，当初就不应该那么辛苦弄20万元还给信用社，白给了！心痛的不仅仅是老蒋，当年老老实实种田交税费的农民，在知道那些欠账户不需要补交农业税费的时候，无不咬牙切齿，早知如此，当初就不应该那么辛苦交农业税费，老实人就是吃亏。

现实就是这样，越不愿意交农业税费的人闹得越凶，老实巴交的人勒紧裤带也要把农业税费交齐，村干部拼命借钱帮拖欠户垫付农业税费，最后国家说：行了，拖欠户的欠款冻结起来，村干部别去找他催债，如果你看到他横着走路，心里不得劲也不要吱声。维护稳定才是大局。

自此以后，村干部变消极了，曾经老实巴交的农民也不那么相信村干部了。吃亏，长心眼，也是人之常情。于是村里的基础设施建设，尤其是农田水利的维护几乎处于无人管的状态，在以前都是由村组干部组织开展。虽然政府还是会要求村干部每年组织农民清理渠道、收取水费、安排放水，但是很多村民都不愿意搭理，尤其是处于水渠上游的农民或者外出打工的农民。

很多农村都是这样，农民不交水费、不出工清理渠道，村干部也无能为力，结果原本成本低廉的大水利系统逐渐瘫痪废弃。为了活路，农民只能靠自己挖井抽水勉强自救，成本又大，风险又高。农民的田地虽然不多，却分散在五六七个位置，彼此距离也不近，你不可能每块地都打口井，只能在某个面积大的田里打个一两口然后用水管接到各个地块里。每到用水高峰期，简直就是一场灾难片，地上横七竖八躺着密密麻麻的大小水管和电线，把地浇完一遍，至少要走破一双鞋，倒霉的还有可能被电死。

花村处于水系的上游，虽然一些组也用不到水，但是整体上比下游的那些村好太多了。下游的村，即使农民想交水费，根本也不可能把水引到村里，渠道破损漏水不说，花村的村民肯定要先把水引到自己田里，满足之后才肯放行。就为放水这事，几个村每年都要吵几次。吵也没用，每次放水基本上都只能满足上游的村，有时候花村的田都快淹了，下面的村还苦苦地旱着。没办法，下游的村只好跑到政府上访。政府被吵得不行了，便安排些经费，请挖机帮忙大致搞一下渠道清淤，然后要求几个村协调好放水的时间，不准再扯皮。农民诙谐地把这种水利叫做"维稳水"。

税费取消之后，表面来看农民解除了税费负担，但实际上他们的生产成本反而增加了。

"改革，可别把人心改没了啊"，一贯铿锵有力的老蒋，不多见地流露出了一丝无奈和倦怠。

为什么不要轻易去当村干部？

坏事干不成，好事干不了

他们说，村干部都是"村霸"，除了吃拿卡要、混吃混喝，啥正事也不干。

此言差矣！此言差矣！凯哥摇着他那方正的脑袋，对他们的言论嗤之以鼻。在花镇农经站深耕多年，凯哥对村里的事情门清得很。因为三资管理中心和农经站的弟兄是一套人马，干的就是监督村干部尤其是财务方面的行为。从 2008 年开始，村里就必须跟农经站签订三资管理代理服务合同。美其名曰"代理服务"，本质上就是"权力上收"。

这么多年过去了，他们还说这样的话，对村干部还停留在 N 年前的印象，这说明他们很少到农村跑，根本不了解农村的大变样嘛！按照目前管理的严格程度，到村里当干部真不是一件美差。别说吃拿卡要、混吃混喝，村干部能够健康愉快地干完一届任期已经相当不容易了。

凯哥竖起了右手食指，表示他接下来要讲出一些颇为重要的话。告诉你，年轻人，没啥事就不要轻易去当村干部了。想开一点，没什么比快乐地活下去还重要。

先不说那些虚头巴脑、形式主义、没完没了的工作任务，虽然这些事已经足够让村干部糟心了。就算村里想正儿八经地干些活，买点办公用品，做点小型基础设施，钱也很不好用。村干部的权力实在是没剩多少了，特别是在财务的自由支配上面。所有的村用资金，都需要经过花镇的驻村干部审批，最后经过镇长同意才能开销。因为这么搞实在太不方便，镇里就给每个村每个月1500元的备用金，就像大人给小孩的零花钱，你用完了再跟镇上申请。这些零花钱，主要是用于小型办公开支。

如果要搞一些基础设施建设，程序就更烦琐一些。5万元以下的工程，由村里通过四议两公开就可以使用。5万元至50万元的工程，则需要通过花镇的投标中心进行统一的招投标。50万元以上的工程就要上到县里招投标。现在随便搞个小工程，很容易就超过5万元，就要到镇上招投标。单单为了搞这些招投标，就要花去不少的费用，包括明里和暗里的，中标的人还要留部分利润，导致最后真正能用到工程上面的钱反而不多。可想而知，工程质量也好不到哪去。

难道把村里的钱管起来、管严一点，还不好么？当然好啦！凯哥左右摇晃着屁股下面的靠背椅。但是古人也说了，水至清则无鱼，你把什么都管死了，村干部也就没什么积极性干活了。多一事不如少一事，干多了，风险也多了。你把村干部都设想成坏人，用对付坏人的手段来约束他，他最多就是干不了坏事，但是好事也干不了。

凯哥微笑着，沉浸在自己的辩证逻辑里面差点不能自拔。

身体也累，心里也累

除了集体资金，集体资产也是被重点监管的对象。在花镇，有的村借低产林改造进行开荒，种植经济林木，成为集体资源用来对外发包，从而产生一些集体资产。虽然花镇农村目前的集体资产发包还不需要上网，但是需要用到三资管理中心的专用票据，否则发包行为就属于非法。发包金额超过 1 万元的，村里必须通知三资管理中心到现场招投标。如果是 1 万元以下的标的，只需要村里签好合同后，再拿到三资办开具票据。

集体资产产生的收益可以用来购买办公用品，搞一些小型的公益建设，支付工作人员的报酬，等等。虽然是集体的资产，但是在具体使用的过程中也要接受镇农经站的监管。

比如说，在花镇，村书记的工资全部是由财政负担，他不能从集体资产中额外领取工资。其他村干部的工资则是财政负担60%，村集体负担 40%。有的村集体资产非常少，那这些副职干部的工资就很难有保障。小组长的工资则是由村集体统一支付，但是不得高于村里副职的收入。如果村里的收入不高，发不出工资，只能给副职干部和小组长打白条，然后再争取其他项目的资金支持。

也就是说，在花镇，除了村书记，其他村组干部都是兼职，因为大多数村子几乎没有什么集体收入。这些村干部平时还是干自己的农活，或者搞点别的事业，村里忙的时候再过来帮帮忙。

之前村书记也是兼职性质，大家相处起来就比较平等，有事共同分担。现在村书记一个人领全额的财政工资，收入有一定的保障，其他村干部也没什么大的意见，就是有活的时候不像以前那么积极了。你书记是全职，最好把所有工作都担着。

书记就越来越累，身体也累，心里也累。我累死干活整天围着政府转，财政给的工资根本就不可能养家糊口，兄弟们又老是袖手旁观，恨不得把我累死。凯哥模仿村书记的抱怨，惟妙惟肖，仿佛说的是自己的故事。

落单的农民

凯哥又开始秀他的辩证法。你政府要么给所有村干部都养起来，要么所有村干部都采用兼职的形式，至少可以保证村干部队伍的团结。其实呢，在中西部地区，村里的事情原本是不多的，也没必要给所有村干部都养起来，那样成本太大了。而且你把他们养起来之后，又不能让他们闲着，就要不断给他们找事做。而真正有用的事又不多，最后都只能搞一些虚头巴脑的形式主义。

到底农村需要什么样的村干部呢？凯哥发出了灵魂般的拷问。实际上，这需要更进一步地追问，村干部的本质是什么？在我们农村，实行的是党委领导下的村民自治制度，村干部实际上是代表村民来主持村庄公共事务的治理。换言之，理想的村干部至少应该承担两件事情。一是将农民组织起来参与到公共事务之中，这就需要村干部充分了解村民的需求，能够充分代表村民的利益，否则村民才不会听你的。二是将上级党委政府的要求落实到位，这就需要村干部充分了解上面的想法，能够充分代表党委政府的意志，否则党委政府也对你不放心。

其实这两件事分别来做，可能都不那么困难。困难就在于，这两件事情必须同时完成。这就意味着村干部不仅要充分代表村民的利益，而且还要充分代表党委政府的利益，而这两个方面并不总是吻合的。即使从理论来说或从长远来说，它们两者并不冲突，但是从实践来说或从眼下来说，则往往是冲突不断的。比如，广大村民对农业基础设设施有强烈的需求，而眼下，上级党委政府往往对所谓的治理创新（比如产权制度改革、党建）更感兴趣。

这个时候，村干部应该听谁的呢？因为党委政府在很大程度上掌握着村干部的人事和财政，考核也是自上而下的，村干部要听谁的，其实是不问自明的。特别是党委政府在村干部的职业化和行政化建设上越来越用力，村干部能选择的余地实际上越来越小。

村干部向上面跑得那么快，村民呢，也就慢慢落单了。

第六章

镇域难治

乡镇书记的烦恼

乡镇是中国最低层级的政权组织，自然也是离农民最近的一级政府。在中西部地区，农业税费改革彻底改变了乡镇政府的生存状态。税改之前，乡镇依赖农业税费的收入，日子还比较好过。税改之后，乡镇的收入几乎完全依赖上级财政转移支付，乡镇政府只能勉强维持运转，与农村社会的关系也日渐疏远。近年来，随着国家对"三农"问题的日益重视，越来越多的财政资源涌入乡村。借此，国家也要求乡镇政府重整旗鼓，推动乡村的发展与振兴。然而，对于中西部普通乡镇的一把手来说，国家的重视和资源的下沉并没有减少他们的烦恼，如何实现乡镇的良性发展和有效治理，始终是一道难解的题。

吃饭财政

多年以后，当书记坐在曾经的博士同学身边，觥筹交错之间也许会感慨，如果再给一次选择，自己是否还会跟当初一样，下定决心到基层从政。乡镇的工作显然没有多少诗情画意，困难和烦恼呢，也没有像头顶的发丝一样，慢慢变少。

在花县，花镇的经济发展水平算是可以的，其人均收入曾经排在全市乡镇（除城区外）的第一名。然而，收入是农民的，跟镇政府没有什么关系。税费改革之后，曾经辉煌一时的花镇也只能依靠上级转移支付度日，几乎没有什么本级收入。

这就是所谓的"吃饭财政"吧，依旧年轻的书记有些无奈地说到。这也是没办法的事，整个中西部大概都是这样吧。

对于花镇来说，除了上级转移支付之外，唯一的收入来源只有土地增减挂钩项目所带来的补贴。这也是乡镇愿意在建设用地上折腾的重要原因。这几年，花镇花了大力气搞增减挂钩，将村庄能够整理出来的建设用地都拿出来，交给县里统一出售土地开发指标。简单地说，就是花镇将自己土地开发的权利卖给其他更有需要的城市，比如省会城市。2020 年是增减挂钩项目的最后一年，花镇把剩下能腾出来的 6000 亩土地都整理好了，就等着卖出去。按照当地的行情，每亩地上级政府给花镇 2 万元，其中 1 万元给到村里。也就是说，如果这 6000 亩土地指标都能够卖出去，花镇就可以赚到 6000 万元。可是很多乡镇都在搞增减挂钩，就算是省会城市也消化不了这么多的指标。因此，能不能拿到这笔钱，书记心里也没有底。

如果侥幸所有指标都卖出去了，那花镇未来的发展前景何在呢？不搞工商业开发，纯粹靠农业，要有大发展恐怕也是有点困难吧。

西瓜，企业和旅游

这些年来，中央一直在讲农业产业化，支持和鼓励地方引进农业企业，带动农民发家致富。作为乡镇一把手，书记自然也要积极响应上面的号召，想方设法搞农业产业化。实际上，书记和他的同事也同意，现在的农业生产几乎都是无政府状态，组织程度低，应该引入高端的公司来组织农户，或者由村里组织合作社统一经营。

但是效果怎么样呢？其实经过这么几年对农村的观察，书记和他的同事们心里都清楚得很，把企业引入农村基本上没有几个能成功的，不是常年亏损，就是盯着政府的补贴，或者是企业老板为了拿地配合地方政府搞点农业产业，本来就是做做样子，也不期待靠这个赚钱。

在 20 世纪 90 年代的时候，花镇的领导确实成功地引导当地农民大范围种植西瓜，也成功地把花镇西瓜的品牌打响了。当年的西瓜种植之所以能够大范围推广，是因为政府带领村组干部到全国各地做宣传、跑市场，而且大力优化花镇的营商环境，给外地的瓜商很好的礼遇，包吃包住，严厉打击本地人欺压外地瓜商的行为。所以，西瓜的外部市场打开了，农民种瓜不怕卖不出去，而且价格也还不错，自然就愿意跟着种瓜。

但是随着西瓜种植在全国各地普遍开展，花镇西瓜在市场上的竞争力逐渐下降。书记也经常听农业口的同事说，因为常年种西瓜，使用的薄膜很难回收很难降解，都进入到土壤里面，破坏了土质，对西瓜的产量和品质都造成了不好的影响。最高峰的时候，花镇种植西瓜的面积超过 10 万亩，现在则逐渐被其他果树所替代，比如桃子、李子等。

西瓜产业下一步的棋如何走，是想办法提质升级，还是任其自生自灭，这是摆在书记面前的一道难题。任其自生自灭，实在有点可惜，前辈们留下的遗产，就这样丢掉似乎也不太好；提质升级呢，难度也很大。书记和他的同事也尝试引入农业企业，专门种礼品瓜，可以卖个好价钱，但是市场也不容易打开。多数普通人还是愿意消费普通的瓜。另外呢，就是对接西瓜加工产业，比如提取西瓜素。但是这个产业开发似乎也不太成熟。西瓜这东西，也就是新鲜的时候吃的爽；但是不便于保存，深加工的空间也不大。

另外一个产业是乡村旅游，这也是目前各地比较火的项目。花镇也想要在这一轮的乡村振兴中打造出几个乡村旅游明星点，让农民更多地分享乡村旅游的红利。通过努力，花镇成功地将花村打造成花县的美丽乡村建设示范村。最早的时候，花镇对花村的定位是作为增减挂钩项目的拆旧区，因为这个村位置比较偏僻。后来花县的领导到现场考察，发现花村的旧房保存得比较好，稍微打造一下，应该可以成为乡村旅游的一张名片。

为了支持花村的开发建设，地方政府将高标准农田建设的项目优先落在花村，总共投入 2800 多万元进行全村的改造。其中，花了 800 多万元用于支持农业企业修建大棚，还为农业企业的项目点配套渠道、道路等基础设施。另外，花镇自己也投入了 100 多万元用于农房改造，支持农民搞农家乐。

建设了几年之后，书记和他的同事发现效果似乎不太理想。

虽然引入了农业企业，但是仍然缺乏深度开发，很多旅游项目也没有特别的新意，跟周边一些村的做法没有太大的区别。因此，游客也不太多，而且主要是本地人，消费少，很难带动当地的经济发展。

农村，就像散了架一样

在农业基础设施建设方面，书记也面临不少的烦恼。比如说在农业技术推广方面可谓举步维艰，全镇 30 多万亩的耕地，只有两个农技人员。而且前几年对七站八所进行改革，要求农技中心采取以钱养事的模式，取消了工作人员的编制身份。在这种情况下，工作人员也没有什么积极性开展农技推广工作。

水利是农业的命脉，但是现在的水利条件并不乐观。一方面水利设施老化，年久失修，渗漏严重；另一方面税费改革之后整个农村就像散了架一样，很难把农民组织起来，而水利要运行起来又离不开组织基础。

农村道路建设方面，书记和他的同事面临的主要问题是项目要求地方配套资金，而花镇根本没办法拿出钱进行配套。2020年，花县交通局给花镇几个贫困村十几公里的道路建设指标，每公里县政府给 10 万元，还需要镇村两级配套 20 万元。镇村两级哪里出得了这个钱，只能用县里给的钱，能修几公里就修几公里。

能不能用一事一议的办法，让农民自己筹钱来搞这些水利、道路等基础设施建设呢？太难了，中央把农业补贴都发到每家每户的手里，你想再要他拿出来搞建设，基本上是不可能的。书记轻轻叹了一口气。

现在村里的治理能力确实有待提升，即使是明摆着对大家都有利的事情，也不见得就一定能搞成。你比如说土地整治，有好几个村都搞了，但是只有一个村实现了小田并大田，其他村只是简单进行了平整，修修渠道，修修道路，而土地依然是细碎化的。你要是问农民，小田并大田好不好，他们都会跟你说太好了。可是一旦真的要开始搞，就有人不情愿了。有的担心分到水利条件较差、肥力不高的田，有的担心重新分田可能分少了，有的因为对村组干部有意见，就是不配合工作。这其中的麻烦事一大堆，村组干部也不愿意卷到里面去，因此大多草草了事。

有时候书记也很同情村里的干部，他们现在承担的行政工作越来越多，整天忙个不停，在很大程度上都影响到他们自己务农了。特别是上级政府以便民的名义，把大量的工作下沉到村里，但是村干部干的主要是填表格、统计数据、完善档案，然后就是各种开会，自己还要种田维生，哪有时间跟农民谈谈心、拉拉家常。跟农民接触少了，感情自然就淡漠了，村里要搞建设，群众不配合也很正常。

在这种情势下，书记又面临一个村干部队伍建设的难题。工资不高，事情又多，责任又大，那些有本事的人都不愿意留在村里当干部。因此，如何选出一个优秀的村书记，变得非常困难。现在政府对村书记的要求很高，不仅仅是能读懂政府的政策，能做群众工作，还要有新颖的工作思路，能够经常搞出亮点。问题是，符合这些要求的农民，大抵能够找到一个比村官更好的工作。

在胜算不大的情况下，农村到底还要不要搞产业化？在地方政府没有钱的情况下，农村基础设施建设该如何搞？村干部到底要不要那么忙，以及该忙些什么？农民到底该如何才能组织起来参与到新农村的建设之中？

这些问题可能不仅仅是书记一个人的烦恼。

什么工作会让乡镇干部做噩梦

没完没了的检查

对于镇长老董来说，除了接访之外，平日里让他头大的工作还有两种类型。一个是没完没了的检查，一个是不接地气的改革。前一个工作能让人掉几层皮，后一个工作能让人夜里做噩梦。

检查实在是太多了！老董皱着眉头，苦苦地笑着。上面千条线，下面一根针，乡镇那还不就是这根针呗。上头各个部门的工作都要对接，各个部门都有检查的任务。乡镇本来人就不多，既要拼命干活，又要拼命迎检，几乎是一种疲于奔命的状态。

这些检查到底有没有必要呢？既没必要，又有必要，老董回答的很有艺术。很多检查工作都非常形式化，就是让你做材料，特别是党建口、组织口的检查，有多大必要呢？但是你又不能说它没必要，或者不重要，实际上它可能就是你基层最重要的活，因为上面就盯着这些呢。除了这样检查，上面还有什么办法来考核你呢？

所以，你千万不能说这些检查是形式主义。老董戳了戳手，腼腆地笑着。

既然不能说是形式主义，那就只能好好做资料，把资料做得越好看越好。你看啊，都要弄些什么资料呢，有故事性的文字啊，有各种摆拍的照片啊，有开会的纪要啊，有工作总结啊。那真是灾难性的工作！老董忍不住打了个寒战。这可不是一碟小菜，都是要十几个人通力合作干的大活。县里检查完后市里检，市里检查完后省里检，省里检查完后国家检，然后再重新来一轮。

有时候县领导也会表现出对乡镇工作的体恤之情，特别是关于如何迎检给出一些锦囊妙计。老董还记得，曾经有个县委书记下来考察，嘘寒问暖之间就给出了一些深刻的迎检办法。你们一定要把握工作的重心，重点工作重点搞，一般工作一般搞。然后，县委书记露出神秘的微笑，至于什么是重点什么是一般，我不能跟你们说，你们得自己去体会；我要说哪个部门的工作不重要，那个部门肯定要不高兴。

老董他们顿时表现出茅塞顿开的惊喜，真是妙啊！既然很难说哪个部门的工作不重要，那就只能都认真对待了。只要是上面来检查，我们都很慎重，老董总结道。看来，县委书记的锦囊妙计，乡镇并不是用得很好。

一头又大又老的水牛

上面的检查工作，压得老董他们喘不过气来。还好，下面还有村干部。毕竟大量的检查工作除了看资料，还要看现场。就算是看资料，有很大一部分也是在村里看，或者让村里提供给镇里。

　　然而，老董发现，村干部一点也不好压，很多检查的工作还得镇里亲自关心过问。你想，村干部天天在田里干活，让他编那些材料，哪会呢？本来就是挖土、拿锹的人，哪会写字啊！正因为这个，镇里特别希望找一些年轻的村干部，会玩电脑，会写材料，能帮镇里分担一下检查的大活。

　　村干部年轻化，主要还不是从群众工作、基层工作的能力来考量，而是先要能解决材料工作、检查工作这些迫在眉睫的任务。

　　但是你想找一个优秀的年轻人到村里给你干活，又谈何容易！村干部要干的事情越来越多，工资却没怎么见长。在花镇，村书记一年工资 2 万元，其他副手的报酬更少。什么是鸡肋呢？这村干部的职位就是鸡肋。认真干吧，你就难以养家糊口；放弃吧，又舍不得那几个钱，而且多少还有点身份名望在那里摆着。村干部特别是村书记，怎么说也是地方的精英人物，接触面广，信息渠道多，自己要办点事情总归是比较方便的。

　　既然有这么些个好处，放弃了可惜，那就只能"不那么认真地干着"。就像是多了一份兼职罢了。这种状态，自然不是老董他们所想要的。你把好处都占了，就是不能帮镇里分忧，那么多事情还要镇领导手把手带着做。

　　有时候就感觉推村干部干活，就像推一头又大又老的水牛一样，非常费劲。老董经常有这种无力感。

　　最头疼的是，村干部不仅很难推得动，有时候反而会成为乡镇不稳定的因素。现在的村书记退休后有退休金可以领，以前那些干了一辈子的老书记老主任，因为没有退休金可以领，心里就非常不平衡，开始组织起来上访，搞得老董他们心烦意乱。

除了这些想要领退休金的老干部，那些被镇里撤下的村干部，也很容易走上上访的道路，天天跟你闹。所以啊，现在要换个村干部都要左思右想，瞻前顾后，简直比换个镇里的干部都还困难。老董心有余悸地说。镇里的干部，县里一个命令就可以把你调走，但是你想换个村干部可就没那么容易了。

呼吁接地气的改革

另外一件让老董头大的工作是上面那些不接地气的改革。这些年，改革的、试点的名头满天飞，但是真正有效落地并造福农民的并不多见。实际上，只要这些改革不过于折腾，走走形式、做做资料也就算了，最怕领导硬推一些不切实际并上下折腾的改革。

老董还记得，在某任县委书记期间，曾经在各个乡镇大力推广社区集中居住。县委书记希望搞一个大动作，把农民都集中到社区居住，一方面可以集中搞公共设施，另一方面也可以把村里的宅基地腾挪出来，这些建设用地指标对于县域开发建设可是个宝贝。

实际情况是什么呢？因为年轻人都在东部大城市工作，有不少人家赚到了钱，也在外面买了房子，再不济也是在县里买个房子。在村里住的人，主要是些老弱病残，而这些人并不愿意集中居住。为啥呢？村里的老同志进城找不到工作，但是在家种个田还是绰绰有余的，既挣到了口粮，又锻炼了身体，还能跟周围的老伙计们开几句不大不小的玩笑。你要是把他们统一挪到镇里集中居住，他们连锄个草都不方便。

除了这些现实情况，另外还要考虑集中小区的钱从哪里来，在哪个地方征地，这些个问题都不是容易解决的，不是你想盖房子就一二三马上盖起来了。所以，老董他们也不敢硬推，这实在是比较激进的大活。但是县里采取了高压态势，乡镇全然不搞也是要犯错误的。对于乡镇干部，这简直是一场噩梦。左右为难之下，很多乡镇都是象征性地搞一两个集中居住点。

还好，后来县委书记因为经济问题出了事，这个集中居住的大活也就自然而然停摆了。

僧多粥少

进步机会

那一年，老董从隔壁一个乡镇提拔到花镇当镇长。对于乡镇干部来说，这是非常关键的一次跨越。

作为中西部的一个乡镇，花镇的内部设置跟其他乡镇大同小异。至少跟省内的乡镇是差不多的架构，就是一个普通的正科级单位。真正拥有正科级职务的领导只有三个，党委书记、镇长、人大主席。以前人大主席由党委书记兼任，后来上面要求人大主席必须独立任职，以体现对人民当家作主的重视。

2015年6月，中共中央转发了《中共全国人大常委会党组关于加强县乡人大工作和建设的若干意见》，这是新形势下党中央加强人大工作特别是县乡人大工作、推进社会主义民主法治建设的重要举措。为贯彻落实中央文件精神，各地也纷纷制定出台了相关的实施意见。例如，山东省出台了《中共山东省委关于加强全省县乡人大工作和建设的实施意见》，并在全省县乡人大工作座谈会要求，以后山东新任命的县、乡党委书记不再提名兼任同

级人大常委会主任或人大主席，乡镇人大主席团成员不担任乡镇
政府的职务。其他省份的做法也大抵相似。

　　人大主席独立任职，对于花镇领导干部来说，可能最大的好
处是多了一个正科级岗位，多了一些盼头。当然，这个好处也许
是县领导的，因为乡镇正科级岗位的任命权掌握在县组织部门的
手里。

　　你比如说，老董作为镇长是从隔壁乡镇提拔上来的，而这一
切都是县组织部门统一调配的，跟花镇本身没有什么关系。但是
从全县范围来看，因为每个乡镇都多了一个正科级岗位，这实实
在在意味乡镇干部的进步机会多了一些。

领导班子

　　跟老董搭班的花镇领导一共有11人，他们的政治排位大概
是这样的：党委书记、副书记兼镇长、专职副书记（分管党群工
作）、专职副书记（分管政法维稳工作）、组织委员、宣传委员、
纪检委员、副镇长兼武装部长、非党副镇长，这九个是党委政府
班子；另外两个是人大主席和副主席。在花县的乡镇，11人的领
导班子是标配。当然，每个乡镇因为各种原因，在人员配备上可
能会有一点点差别。

　　这11个人里面，除了书记、镇长、人大主席是正科，其他
都是副科级别。非党副镇长是比较特别的。他不是党委成员，大
致可以归为政府班子成员。这个岗位的设置，主要是给县里的政
协副主席做后备干部储备。

每个领导都会根据党委分工，各自分管几块工作。分管工作也不是固定的，根据实际情况变化，特别是人员变动，经常也会作出调整。

领导班子下面，就是中层干部，一般是 9 人的配置。包括党政办主任，社会事务办主任，经济发展办主任，民政办（扶贫办）主任，组织干事，宣传干事，纪委副书记，纪检干事，武装干事。实际上，这些中层干部都是正股级别，但是各自的权重大有不同。真正要害的是俗称的"大办主任"，即党政办主任、社会事务办主任、经济发展办主任，他们有更多的机会被提拔成为领导班子成员。

然后是七大中心，也就是原来的七站八所。改革之后，除了水利站恢复为事业编制外，其他中心都是民办非企业机构。一般来说，一个中心就一个人，因为身份比较奇特，大家在工作上都显得比较疲软。

七大中心由乡镇党委政府直接管理，还有一些部门则是垂直管理，比如财政所、土管所、派出所、法庭、质监站等。

花镇一共有 40 个公务员编制，主要是分配给领导班子和中层干部。目前，公务员编制只用了 30 个，包含了刚分配过来还没有职务的大学生。虽然还有空编，但是要充分使用也不容易，因为上面控制得非常严格，每进一个人都需要县长同意才行。因此，花镇为了工作需要，另外还聘了 13 个合同工。上面对于合同工的聘用倒没有什么限制，只要你乡镇有钱就可以自主聘用。这不像在珠三角，即使乡镇有钱，也不能随便聘用合同工，上面规定了相应的员额。

僧多粥少

都说基层干部忙，老董有不同的看法。在他看来，乡镇确实忙，但主要是领导班子辛苦，一般干部则比较清闲，他们没有特别的积极性。实际上，这可能是中西部基层干部的普遍特点。很多人考到乡镇，并不是想扎根基层好好干一番事业，而是以乡镇为跳板，一进来就准备着跳槽。老董到花镇当镇长不久，就有三个同志调走了。一个到市里，一个到县组织部，一个到县委办。人家有进步的机会，老董自然是祝福和支持的，但是内心总归是郁闷的。有能力的人来来去去，很少有人想着把基层工作做好。

现在，乡镇干部队伍的构成无非三个来源。第一个来源是选调生，这些人基本上都是要走的，无非是早走晚走的区别。在老董的职业生涯中，就没有看到选调生最终留在乡镇工作的。第二个来源是大学生村官，三年一签。在老董的经验里，90%的大学生村官都会通过考试离开。在老董工作过的另外一个乡镇，所有大学生村官都考走了，除了一个是辞职出去打工的。第三个来源是招考，很多招考进来的高才生都会被上级政府抽调去干活，好用的，往往就会把他调走。相对来说，招考的人员还是比较稳定的。其实还有另外一个渠道，那就是每年面向村里的定向招考，但是招的人很少，每年全县也就一两个名额。

这些年，乡镇干部的提升空间似乎变窄了。因为很多时候，书记镇长甚至一些副职领导都是县里空降下来的。本地的干部队伍，大部分能熬到副职领导已经相当不错了。这人啊，他的工作无非就是两个考虑，要么是经济待遇，要么是政治待遇。老董眯着眼睛总结道。经济待遇嘛，大家伙都差不多，所以每个干部都格外重视政治待遇。实在上不去的，也要争取挪到中心镇或者进城当个普通干部。

除了机关干部，也就是公务员，其他事业编人员或者七大中心的民非人员都没有晋升空间。在工资待遇没什么比较优势的情况下，再加上没有晋升空间，他们自然没有工作的积极性。

为了解决领导岗位僧多粥少的困局，组织部门发明了一种非领导职务的职级系列。有些乡镇干部很难当上书记镇长，但是工作资历又很显著，为了激励他们，就可以让他们走非领导职务这个职级系列，至少可以把工资待遇往上提一提。县里还有一个调研员的系列，虽然是个虚职，但是对于很多升迁无望的老同志来说，这还是很有吸引力的。

刚刚考进来的乡镇干部其实都是股级，由股级晋升到中层干部，比如担任大办主任，提拔的权限就在乡镇，主要就看党委书记的意见。由中层干部晋升到副科，也就是进入乡镇领导班子，提拔的权限是在县里。当然，乡镇党委书记在其中有很大的推荐权。书记想要重用的，可以强烈推荐就地提拔。至于提拔镇长，几乎就是县里的事了，乡镇书记的推荐已经没有什么力度了。当然，书记不一定能帮得上忙，但是要把事情搞黄则很容易，随便给你找个理由就够你喝几壶。

主体责任

这些年，每当选举来临之际，县里都会组织换届选举动员会。在动员会上，县委书记一定会严肃地提出要求，必须确保县委的意图得到贯彻。如果出了篓子，你乡镇主要领导可以主动辞职。事实上，这个事情也不难理解，如果你连上级党委的意图都不能贯彻到选民当中，只能说明你的能力不行，没有政治领导才能，把你免了也不冤枉。

所以啊，上面抓党委书记这个主体责任，真是抓到了牛鼻子。老董感慨万分，重重地点了点头。

除了乡镇干部的选举，村级选举出了问题，乡镇党委书记也要承担主体责任。说实话，相比较而言，村级选举的风险更大。一方面，有可能参与选举的选民不够，连选举都困难；另一方面，有可能竞争太激烈，选票过于分散，结果谁的选票都没能过半。这些情况其实都还好，最怕的是党委政府相中的村干部没被选上。

在老董曾经工作过的一个乡镇，有一年就有一个村选了三次才把村主任给选出来。第一次选举，两个候选人都非常积极，各自动员了很多人来参选，不少人都是坐飞机回来投票的。当时乡镇都没预料到会有这么多的人参选，连会议室都装不下。结果，第一次选举，两个人都没有过半。第二次选举，一个候选人觉得自己选不上了，就组织那些支持自己的人不参加投票，导致第二次选举无效。

哎，这个家伙真是调皮啊！老董无奈地苦笑。第三次选举，只好让小组长一家一户去喊，一直搞到夜里九点才把选举搞定，最终选出了党委政府中意的那个村主任。

现在，要是村干部选不出来，或者让别的候选人给选上了，乡镇党委书记就要承担主体责任了。

还好，我不是党委书记，老董面露唏嘘。

如何辞退村干部?

把村书记弄下去

因为土地流转没谈好，花村爆发了一次群体性上访事件，最后还是在副镇长老吴和村干部的努力周旋之下，花村的老百姓才从市信访局回到了村里。虽然这事没有造成太大的负面影响，但是也着实让花镇党委书记老江感到恼火。为了把花村建成美丽乡村示范点，土地流转给企业势在必行，而花村的干部实在是推得太慢，明显的缺乏执行力。作为花镇的一把手，老江书记看在眼里，急在心里，他早就想把花村的老书记撤换下来，换个年轻有为的人上去。这次的群体性上访事件，进一步强化了老江书记换人的想法。

我看啊，得赶紧把花村老书记弄下去，再这么折腾下去，恐怕迟早还要闹出事情。老江书记背着手，眉头紧锁，在办公室里踱着步。

如果只是让老书记下去，估计花村会更乱啊。老吴深深地陷在沙发里，一副若有所思的样子。由于长期在花村担任包村领导，老吴对村里的情况颇为了解。

咦，还能有这事，怎么会乱呢？老江书记停下脚步，回头看了老吴一眼。

老书记在花村深耕几十年，虽然遭到不少人的厌弃，但是他积攒下来的势力也是不小的，这一点不能不考虑啊。老吴撅了撅屁股，调整了一个更舒适的坐姿。

那你说怎么办呢，让他继续待在这个位置上，恐怕花村的建设根本就没戏。老江的脑海里立马浮现出老书记桀骜不驯的样态，这哥们确实不是那么配合工作，想着就心烦。

这老书记，下肯定是要下的，不过不仅仅是让他下，另外两个搭档老王和老陶也得一起下。老吴用他的大手搓着沙发把手，提出一个超常规的换人方案。老王和老陶差不多跟老书记同时上台，一起在花村搭档了几十年，在美丽乡村建设之前，他们的配合还是相当默契的。

这动作也有点太大了吧，没这个必要吧。老江坐到他自己的沙发上，好奇地瞥了老吴一眼。

谁来接盘？

只有他们三个老同志同时下，你才能安排新的人开展工作，你看啊老江，老书记下去之后，排在他后面的就是老王和老陶，他们资格最老，但是年纪也够大了，可能连一届都干不满，因此不适合接替老书记，你说对不？

那确实，我也没考虑让他们两个接手。老江点了点头。

纵观现有的班子成员，只有会计老牛比较合适，这人比较老实，搞了十几年会计，在财务上没有出现什么大问题，你说对不？

老牛是不错，就是过于老实了一点，能不能扛起这副重担呢？老江心里其实有个更年轻的人选。

老吴，你觉得小飞怎么样，这个年轻人是大学生，毕业后在省会工作，前阵子我动员他回村里干点事业，他很感兴趣。老江自豪地介绍着，满眼期待地看着老吴。

小飞啊，确实不错，就是太年轻了，一直在城里生活，会不会有点不接地气，也许在村里锻炼几年，说不准以后就能上手。老吴不是特别支持让没多少经验的年轻人来接手花村书记，这毕竟不是一份简单的工作，何况后面搞美丽乡村建设还有大量的麻烦事。

确实是年轻了一点，历练几年，积累一些经验也好。老江想了一想，也觉得有些道理。

所以说，如果要让老牛接手村书记，就必须让他们三个老同志下来，否则老牛根本没法放开手脚开展工作。老吴心中暗喜，很是佩服自己高超的分析能力。

老吴你说的有道理，那这样，接下来的工作你来负责，你去跟他们几个人做做工作，最好是让他们主动辞职，有什么情况随时跟我讲。老江把工作一布置，就赶着去县城开会。

以人换人

接了这个大活之后，老吴就回到村里，分头跟几个村干部做工作。这一天，他先到了老书记家里。谈天说地扯了半天，终于挨到吃饭的点。老吴也不客气，端起酒杯就喝了起来。酒过三巡，气氛逐渐火热起来，总算可以谈谈正事了。

老蒋啊，上头的意思估计你也听说了，你在花村服务了这么多年，辛苦了，也该享受享受晚年的生活啊！老吴吧唧了一口烈酒，以一种怜爱的语调展开了工作。

我是老咯，该给年轻人挪挪位置了，可是我这村主任的任期不还没结束嘛，别忘了我也是民选的村主任！老蒋放下手中的空酒杯，从烟盒缓缓摸出两根香烟，递给了老吴一根。老吴赶忙接了过来，像是抓住了一个机会。他一边给老蒋点烟，一边继续怜爱地开展工作。

老蒋啊，你有什么诉求，我们可以摊开了讲，政府能满足的自然会尽量满足。

这样吧，我是可以提前下来，不过我那个当组长的弟弟，能不能到村上当干部呢？口中吐出的烟雾，让老蒋的眼神显得有些迷离，微微抽动的嘴角则暗示了他的决心。

这个问题应该不大，我回去就跟书记汇报。老吴看到老蒋终于亮出了他的要求，这是个不错的进展。后面又搞了几轮酒，差不多人五人六的时候，老吴这才摇摇晃晃地走出老蒋的大房子。

下次去你城里的大别墅喝酒啊！老吴回过头，咧着嘴笑了起来。

没问题啊，随时欢迎。老蒋挥了挥手，送走老吴，拿起手机拨通了弟弟的电话。

经济诉求

过了几天，老吴又分别找老王和老陶做工作。

你看啊，你这年纪也上来了，现在村里的工作越来越繁重，待遇又差，还不如趁早下来，安心搞自己的农家乐，赚的钱还多一些。老吴循循善诱地劝导，一开始倒是把老王说服了。老王本来也不是特别想干了。

不过老陶还是有想法，老子又没犯什么错误，凭什么要我提前下来，好歹我也是老百姓正儿八经选出来的。

那你说说，有什么诉求吗？老吴小心翼翼地问。

实在要我提前下来也不是不可以，但是我从政府接手的那个农家乐，要确保始终在我手里，而且不能提价。老陶亮出了他的要求。

老陶，这个是经济上面的事情，我不能当家，你还是得跟老江书记提，你们要是说好了，就下来，说不好，不下来也行。打交道这么些年，老吴也知道老陶不好对付。反正我已经努力了，经济上面的承诺我不敢瞎说，还是交给书记来定夺吧。

后来老王大概是听到了风声，也提出了有关农家乐的经济诉求。

最终老江书记没有答应他们的经济诉求，毕竟这是非常敏感的问题。于是事情就搁了下来。

皆大欢喜？

经过仔细琢磨，老吴和老江书记又合计出一套新的思路。既然老王和老陶都不愿意提前下来，那就让他们继续待着，工资照样领，但是手头上的工作分别交给后备干部来干。这套思路，最后也得到老王和老陶的认可，毕竟还可以领工资，又不用干活，既有面子又有实惠，还卖政府一个面子，何乐而不为。

正当老吴兴高采烈地以为这个事情总算完满解决的时候，老蒋又冒泡了。他跑去跟老江书记诉苦，说自己这困难那不容易的，干了几十年的村干部，一下来什么都不是了。为了尽快让老蒋下来，老江书记决定给他安排个出路，让他到镇里的福利院挂名当个副院长。毕竟老王和老陶还可以领工资，老蒋没捞到经济上的好处，似乎有点说不过去。就这样，老蒋从村书记退下来之后，就在福利院挂了一年的职务，人去不去无所谓，反正就是给他发一年的工资。

就这样，老牛当上了村书记。在老吴看来，老牛虽然冲劲不大，但也算是尽职敬业，更主要的是很配合镇里的工作安排。当然，老牛偶尔也会跟老吴抱怨。

都是你让我当这个村书记，把我害惨了，现在我家里的田都没空去打理了，老婆对我也有意见啊！老牛苦哈哈地摇着头。

老蒋的弟弟也从组长升为村里的后备干部，跟着老陶干活，后来在换届选举的时候当上了会计；老江书记挖过来的小飞，作为后备干部跟着老王干活，后来在换届选举的时候当上了副书记。

　　新组织起来的花村领导班子，大体还算团结，在镇里的大力支持下，美丽乡村建设倒是如火如荼开展起来了。花村终于被打造成为当地的一张名片。

　　老吴呢，继续当他的副镇长。老江书记则被提拔当上了副县长。

驻村干部像葫芦？

乡镇多少有些奇葩

作为花镇的副镇长，老吴有时候会有点恍惚，以为自己是个村干部。因为他在村里待的时间实在有点多。事实上，除了他，其他乡镇干部也要花不少时间待在村里。因为他们除了在镇里开展工作，还有另外一个常规身份，那就是驻村干部。

作为一级政权，乡镇多少有些奇葩，它和它的工作人员需要在乡村之间进行反复的穿梭，而不像上级政府可以比较单纯地待在办公室里面写写文案，思考一些战略规划的大问题。

在花镇，每个党政领导都肩负驻村的任务，每个人带领两个机关干部，驻两个村，每个机关干部负责一个村，党政领导主要是进行统筹。考虑到书记镇长统管全局，他们每个人只负责一个村。

驻村干部的人员安排，每年都会微调一下。一般来说，多数人都是稳定的，因为这样有利于工作的开展。比如说老吴，在花村已经连续驻了四五年。人员的安排，先由书记办公会讨论提出一个方案，然后再经过党委会讨论通过，最后拿到党政联席会议上讨论并确定最终名单。当然，如果乡镇干部对人员安排的方案不满意，也可以跟书记汇报并进行适当的调整。这是一个重大的工程，关系到一整年的乡村工作，自然是马虎不得。

驻村之后，这个村的所有事务都归你管，你可以把这理解成包干制。要负责些什么事情呢？你比如说矛盾纠纷的处理，五保户、贫困户的核实，招商引资，农业产业调整，上级检查，人居环境整治，等等。只要是村里发生的事，或者上面安排到村里的活，都需要驻村干部担着。村干部呢，则是在乡镇驻村干部的领导下一起开展工作。每个月第一、第三周的星期一，村书记也要参加镇里的例会。

下派驻村干部

除了村里要钱要项目需要直接找镇长书记之外，村里的其他大小事务都需要跟驻村干部汇报。有些时候，村书记不好说的话，可以由驻村干部站出来说，更容易获得老百姓的信任。在老百姓看来，乡镇干部比村干部更有权威。你比如说，涉及惠农政策的落实，由村干部来解释，老百姓总会觉得其中有什么猫腻；由驻村干部来解释，老百姓就觉得踏实一些。如果是涉及村民反映村干部的经济问题，那自然需要驻村干部的介入，如果驻村干部都解决不了，那就只能引入纪委监察的力量了。对于现在的基层干部来说，纪委监察简直就是悬在头上的一把利剑，就怕它什么时候突然掉下来。

　　驻村干部下到村里，自然也要跟村干部搞好关系。毕竟村里那么多的事情，大多数时候还是要依靠村干部来解决。如果村干部得力，愿意配合，那驻村干部就要轻松很多。如果村干部不得力，消极怠工，所有事情都压到驻村干部身上，那驻村干部没几天就会感觉身体被掏空。一般来说，镇里在安排驻村干部人选的时候，就会考虑强弱搭配的问题。如果村子的治理比较有序，事情比较少，那就可以安排年轻一点、经验一般的干部驻村。如果村子的治理比较差，村两委战斗力不强，村干部不团结，或者村子里面的事情比较多，那就会派一些能力比较强、经验比较老到的干部去驻村。

　　这就是镇里为什么总是派我驻花村的理由吧，老吴咧着嘴，笑了起来。

　　前几年，花村确实因为村子开发事情比较多，而且班子战斗力比较一般，老百姓又经常上访。因此，必须派一个经验足够老到的乡镇干部才能镇得住。

被粘住的村干部

　　作为一级政权，乡镇的特殊性就在于它刚好处于国家与社会的接缝处。如果乡镇干部不能深入农村，不了解农村，不跟农民打成一片，那他几乎就很难有效开展工作。而且，基层工作相当复杂，综合性强，缺乏经验的干部很有可能连事情的原委都搞不明白。因此，让每个乡镇干部至少负责一个村的事务，逼着他们下到村里，跟农民打交道，全方位接触村里所有的事务，有助于培养乡镇干部的综合能力。

村里的工作，说起来有一万种难处。在老吴眼里，最难的一点是缺少资金。在村里搞基础设施建设，国家项目能解决的不到五分之一，其余的都要靠村里自己想办法。现在又不能向农民收取税费，能想什么办法呢？无非是向上面的各个部门讨要项目，或者向银行举债。你别说，眼下不少的村子就因为搞建设而负债累累。老吴长叹了一口气。

村里的事情越来越多，特别是形式化的工作，把村干部都粘在上面，搞得他们没有时间做自己的副业。而政府给的工资又非常有限，结果弄得村干部连养家糊口都困难。除了工资低，村干部的养老保险始终也没有得到解决，进一步挫伤了他们的积极性。原来村干部不需要搞太多形式主义的事情，比如整理档案，做各种材料，迎接频繁的检查，他们还有大把的时间可以搞自己的副业，从而弥补工资低的不足。现在，形式化的工作多了，村干部自然就希望变得更行政化一些，最好跟乡镇干部一样，工资有保障，退休有保障。

同样的道理，乡镇干部自然也希望村干部投入更多的精力用于村里的工作，更好地为乡镇干部分忧，而不是分心到自己的副业上。

你看啊，村庄治理最重要的是支部书记，是领头羊，如果他能够投入70%的精力到工作上，完全可以把村里搞好。老吴用手指了指自己的眼睛。是的，现在他们还没有完全集中精力啊。

像葫芦掉到井里

不过，就算村书记集中了精力，也可能搞不好。老吴皱了皱眉头。现在这形势，不仅要求村干部投入精力，还有具备良好的思路和眼光，还要能够和中央的政策同步才行。这样的干部哪有那么容易找到呢，特别是在目前这种低工资的背景下。

既要马儿跑得快，又不给马儿吃足够的草，还不让马儿自己找草吃，最后的结果就是马儿不跑了，或者马儿不跟你跑了。

其实村干部只要干好自己的群众工作，少做一点形式主义的东西，多一点时间给他们去做副业，这是一种很不错的方法。现在给村干部压那么大的担子，恨不得让村干部天天坐在办公室里写材料做表，既没有时间去做副业养家糊口，甚至没有时间做群众工作。这实在很要不得啊！

村干部忙于写材料，正儿八经的群众工作没时间做，出了问题很容易就摊到乡镇的驻村干部身上。同时，乡镇干部也有大量的材料工作和开不完的会，这些事情把乡镇干部缠得死死的，想要下村也变得越来越不容易了。虽然制度规定人是要下去，但是经常只是下到村部、联系到村干部，成为"两部干部"，而没能真正下到群众身边。有人就说过，干部下乡就像葫芦掉到井里，从上边看是下去了，从下边看还漂在上边。

这样的驻村干部，自然是不容易驻进老百姓的心里。

一句话概括基层工作生态

"一个人干"

基层干部都说自己很忙，5+2，白加黑，那些工作就像中年男人的烦恼一样，一个还没有解决，另外两个又冒出来了。

真的有那么忙吗？

花镇的干部阿信笑了一下，怎么说呢，我们圈内流行着这么一句话："一个人干，两个人看，三个人耍笔杆，四个人督办。"你品，你细品。

说忙吧，那也不假，关键是看谁在忙，忙什么。

在乡镇，你想要干活的话，永远都干不完。但是真正干实事的，每个部门可能也就那么几个人。一般都是那些刚进单位不久的年轻人，一方面是干事的热情还没有被生活所磨灭，另一方面他们怎么说也还有晋升的盼头。

这些新进的年轻人，都是接受了高等教育，有不少还是重点大学，还有一些是硕士生，甚至是博士生。大学生考公务员，这几年几乎是毕业生的首选，甚至连乡镇都有很多人报名。因为竞争越来越激烈，很多人第一年考不上，宁愿暂缓就业，在家庭的支持下再考一年，争取上岸。

那些肯干活的人，很快就会被提拔成为乡镇的中层干部，当上某个站办所的副主任或主任。这些人可谓乡镇的中坚力量，上面领导布置下来的活，部门同事不愿意干或干不好的，他们都得自己亲自上。

"两个人看"

"一个人干，两个人看"，这是说部门里面消极怠工的人要比积极干活的人多。什么人会消极怠工呢？那些年纪偏大，几乎不可能再被提拔重用的普通工作人员，他们容易消极怠工。反正事业上也没什么前途，工资待遇也不高，只要自己不犯错，单位也开不了他，那么有什么理由卖命呢？

"一个人干，两个人看"，其实还有另外一层意思。阿信不大的眼睛闪烁着一丝狡黠的光芒。现在的基层啊，你想认真做点事情还真不太容易。别说村干部怕事，就是乡镇干部和县里的干部，我看多数也是怕事的。上面有指示的，有具体安排的，那就照着做；上面没有安排的，下面就等着，生怕事情做多了反而惹出一些麻烦。毕竟盯着你的人还挺多的。

也就是说，有些人不想积极干活，也不一定是因为懒，而是担心自己干活干多了容易出么蛾子。圈子里流传着另外一句名言：多干多错，少干少错，不干不错。

当然，在这个工作位置上，你什么都不干自然也是不可能的，但是你可以干得慢一点，再找理由推掉一些工作，甚至不得不干活的情况下有意无意地干出较差的水平。几次之后你就会发现，领导不会把重要的工作和难办的工作交给你了。当你的同事在苦哈哈地干活，或者因为在干活的过程中挨训了，你就可以站在旁边，静静地看。

"三个人耍笔杆"

"三个人耍笔杆"，说的是还有一大帮子的人看起来也挺忙，不过不是忙于群众工作，而是坐在办公室里做材料，写各种文案。说到这里，阿信哆嗦了一下健硕的身子。这个工作嘛，有人说它很重要，有人说一文不值，反正有争议，但是有一点大家都同意，这个工作很要命！阿信笑了一下，像苦瓜一样。

说它重要吧，那还真是，你做了再多的工作，领导下来检查，发现你没有材料或者材料做得不好，那相当于你的工作白做了。因为领导没那么多时间走村入户调研，只能看你的材料，通过你的材料反推你的工作情况。所以，材料工作相当重要，即使大部分时候都是在领导下来检查的前几天，大家风风火火赶出来的。

说它一文不值吧，也有一定的道理。这些材料，这些文案，并不能很好地反映出乡村干部的工作状态，也就是反映出他们赶材料的能力罢了。一个扎实干活的干部，特别是做群众工作的活，实际上很难写在材料里面，太细碎，太常规，太没新意。

说它很要命，主要是因为这个事情相当烦人。你想，让你去写一堆应付人的死材料，那是多难过的一件事情啊！大好的青春年华要安放在这堆无法产生价值感的材料里面，你说它要不要命？因此，有不少工作人员，宁愿大热天跑工地看工程进度，也不愿意在空调房里写材料。

那些成天跟材料打交道的部门，是一种什么样的体验呢？你可能想不到，在这种部门干活的人最容易被领导提拔重用。阿信露出一丝狡黠的微笑。你比如说党政办，党建办。

写得一手好材料，笔杆子要得漂亮，还能成天干这种"很要命"的活，有哪个领导会不喜欢呢？

"四个人督办"

"四个人督办"，这说的是上面下来监察、督促、考核的人很多，相当多。一个人干活，就有四个人督办，这是一种什么样的排场啊。你好不容易办了一件事，这个部门来检查一下，那个部门来考核一下，就像用显微镜来观察细菌一样。有人说这是因为基层干部太坏了，不管得严一些，老百姓就得受欺压；有人说这体现了上面领导对基层干部的关爱，防止你犯错。

基层干部自然需要有人来管，所有干部都需要，犯了事都要受到应有的惩罚。问题是，基层的事务繁多复杂，有很多事情要处理好，就得给基层干部相应的自由裁量权。而自由裁量权的行使，有时候就会出现一些灰度空间，比如说话的声音大了一些，比如做群众工作的时候忘了拍照留痕，等等。太多的过程监管，在很大程度上会削弱基层干部的自由裁量权，大家都害怕出错，束手束脚，不出事的逻辑渐渐替代了做事的逻辑成为基层干部的护身符。

"四个人督办"的一个直接后果是，基层要花很多时间来准备材料。因为检查的部门多，密度高，而主要的手段是看材料，所以材料虽然"很要命"，总归要有人来做，而且还要尽量做好，不能马虎了事。否则上面的人认为你连材料都做不好，工作怎么可能做得好呢？"做材料是一个工作态度的问题！"一上升到态度问题，那你还有什么好辩解的。因此，"四个人督办"，就会出现"三个人耍笔杆"。

督办多了，检查多了，基层干部"出问题"的概率自然也就大了。那些干活比较积极的人，跟各式各样的群众接触得多，总免不了要得罪一些人，被投诉举报的机会自然也多一些，挨领导批评的机会也多一些。大家伙一看这形势，慢慢就消极下来。多一事不如少一事，多干事不如多围观。于是就很容易出现"一个人干，两个人看"的工作生态。

在这种工作生态下，基层干部怕事，不敢做群众工作，反而花很多时间在做材料上面。长此以往，我们的基层干部就会跟人民群众渐行渐远。这绝不是一件好事。

第七章

制造亮点

乡村振兴办，办啥？

一个临时机构

阿信算得上年轻有为，30 岁出头就当上了花镇的副书记，分管眼下最热门的乡村振兴工作。他是 2020 年初才到花镇工作，时间不算长。

但是乡村振兴这一摊事，阿信算是接触比较早的，现在分管这块工作虽然不能说是轻车熟路，倒也是颇有想法。最早的时候，阿信是在花县的经济开发区工作，那是 2013 年。经开区是个蛮有意思的体制，弹性极大。阿信刚进去的时候，经开区还有五六十个工作人员，几年之后就调整到只剩下七个人。做的事情呢，主要是招商引资和基础设施建设。

到了 2017 年，阿信调到水镇担任人大副主席。从那个时候开始，他就开始分管精准扶贫和乡村振兴，此外还有集体产权制度改革。2019 年，阿信因为工作能力突出，被抽调到县里新成立的乡村振兴办上班。乡村振兴办实际上就是个临时机构，但是因为挂靠在县委下面，具有相当的话语权。乡村振兴办是乡村振兴领导小组的办公室，虽然只有 3 个从乡镇抽调上来的工作人员，但是这个领导小组的规格很高，小组长是县委书记，直接抓这项工作的是纪委书记。

纪委书记主抓乡村振兴，你说这个工作重不重要？阿信微微笑了一下。

一般来说，各地乡村振兴办的主任是由农业农村局的局长来担任。花县也不例外。但是为了更好调动各个职能部门，花县的乡村振兴办实际上是由市委办的一个副主任直接主持工作。这个机构的常规工作是制定全县乡村振兴的方案，拟定有关领导的发言稿，筹备乡村振兴的各种现场会。

买酱油的钱不能买醋

为什么花县特别重视乡村振兴领导小组这个组织呢？它想要破解条条主导的财政资源分配体制所造成的问题。只要稍微了解中国的财政体制，就知道大量的财政资源是通过自上而下的部门体系分配下来的。而且为了防止地方政府将财政资金挪作他用甚至贪污腐败，上头的资源都是按照项目制的方式进行规范化的管理。特别是对于专项资金，更是要求专款专用。而上面下来的转移支付，大多是这种专项资金。

项目制的管理体制强化了条线部门的权力，财政资金只能在这些垂直的条线内部流转。这样做的好处是上级对地方政府的资金使用更好监管了，整体来说，资金使用也更加规范了。

问题是，到县这一级就需要具体做事情了，条线太强势就弱化了县这个块块的统筹能力。简单来说，上头的资金最后都落到县，但是大多数的资金都明确规定了用途，买酱油的钱不能用来买醋，可是有时候缺的是醋而不是酱油。另外，农村工作往往具有综合性，基础设施建设一般都会牵涉几个条线，例如农业部门、水利部门、交通部门，但是这些部门因为上头不可能准确了解县里的实际需要，也就很难形成合力。结果，原本综合性的基础设施往往只能切块拆分建设。因为财政资金分散在各条线，县里也很难集中财力办大事。当面临一些需要各部门形成合力、攻坚克难的中心任务时，这种碎片化的财政分配体制就很难发挥作用。

伴随着脱贫攻坚战的结束，乡村振兴就成了这样一项需要县级强化统筹的大事。因为乡村振兴涉及方方面面，需要做的事情很多，但是像花县这种中西部普通县城，财政能力薄弱，不可能把工作面铺太广，只能想办法加强对各部门资源的统筹。

正是基于这样的考虑，花县成立了由县委书记领导、纪委书记主抓的乡村振兴领导小组，几乎所有职能部门的相关领导都是小组的成员，领导小组的办公室则设置在县委办里面。这样的机构设置，就是为了解决具体职能部门没能力统筹其他部门的问题。因为领导小组的组长是县委书记，阿信他们以领导小组名义出台的政策文件几乎跟县委的政策文件具有同等的效力。

统筹那些能统筹的

在乡村振兴办成立后不久，阿信他们就协调各职能部门，把能够统筹的涉农项目清理出来。实际上虽然县里成立了县委书记领导的乡村振兴领导小组，但是在县层面能够统筹的涉农项目也不是很多。乡村振兴办自然希望能够打破条线对资金使用的严格规定，但是相关部门给的回复是，这些用途都是上级部门规定下来的，很多都是中央和省里直接规定的，县部门根本没有权限更改用途。最终阿信他们清理出来的只有四十多项涉农资金可以在县级层面进行统筹，这些都是没有具体规定使用用途的项目。

哪种资金最好统筹呢？当然是移民资金了。花县是个移民大县，每年上级政府都会拨付一大笔钱给到县里灵活使用。2020年的时候，每个乡镇都可以分到七八百万元。作为厕所革命的试点，花县也可以拿到一笔资金，每个乡镇可以分到500万元。虽然这笔钱只能用来做厕所，但是县里可以灵活选择在哪里进行厕所改造，比如集中用到旅游景区。在阿信看来，这已经算是比较灵活的资金了。另外，财政局每年也有一些可以自由支配的资金，但是总量不多，每个乡镇只能分到一两百万元。

每个月中旬，各部门要把涉农资金的数量报给乡村振兴办。因为这是县委书记和纪委书记抓的工作，几乎就是一项政治任务，各部门还是比较配合的。2019年，乡村振兴办总共整合了1个亿的资金，另外还全口径向上争取了60亿元左右的资金。

乡村振兴办对四十多项的涉农资金进行统筹，把其中的30%留给原部门支配，70%的资金则交由乡村振兴办统一使用。怎么使用呢？阿信说他们采用的原则是"乡镇吹哨，部门报到"，每年请乡镇书记到县里来谈乡村振兴的思路，说明他们需要什么样的项目来支撑。乡村振兴办把乡镇书记的方案汇总提交给县委常委会进行讨论决定，然后再召开全县各部门一起参加的大会，在会上布置工作，由职能部门具体落实。

回到农民的真实需求

每个乡镇都要仔细琢磨，到底报些什么项目更容易得到县里的支持。一般来说，越有创新亮点的项目，越是涉及产业发展的项目，就越有可能得到重点支持。亮点，还是亮点啊，阿信捋了一下头发，清脆地总结道。

一般来说，每个乡镇都会给一笔钱用于开展项目建设。但是乡镇提出来的项目要有足够的亮点，特别是在全县的布局中能够做出特色，否则会被退回去要求重新设定项目。对于乡镇来说，这一笔经过县里统筹后的钱就非常好用了，可以集中财力搞一项大一点的工程。2019年，花县分给每个镇500万元。花镇把这笔钱就集中用于建设花村这个示范点。

有趣的问题是，经过统筹之后，县乡两级确实能够集中力量办大事，但是这些所谓的"大事"极有可能只是县乡政府感兴趣的大事，而不是广大农民真正感兴趣的大事。例如，县乡政府很喜欢搞产业发展，但是农民更希望把农业基础设施建设好。然而，农民的真实需求往往很难进入到财政资源的分配过程之中。

从这个意义上讲，一个更为健全的财政资源分配体制，至少应该包含三层结构：一是社会真实需求的表达机制，二是地方政府对财政资源较强的统筹机制，三是国家自上而下对财政资源使用的规范机制。

目前，除了最后一个机制之外，其他两个机制都非常欠缺，尤其是农民真实需求的表达机制。

如何在乡村振兴中打造亮点？

乡村振兴办做了什么？

在花县乡村振兴办那几年，阿信一直保持着忙忙碌碌的节奏，好像总有做不完的事情。

乡村振兴办统筹起来的资金，有很多都投入基础设施建设之中，印象最深的就是"沟路树"。沟，指的是水利设施，比如沟渠和堰塘整治；路，主要是通组路和机耕路；树，就是道路两旁的绿化，前年给省道绿化种树十公里就花了700多万元，钱花了不少，效果却不甚明显。

实际上，就算是搞基础设施建设，也不可能全面铺开，毕竟资金有限，只能集中到重点乡村。好钢用在刀刃上嘛。阿信淡淡地笑着，显得理所当然。你比如说花镇在整个花县就比较偏远，水镇因为距离花县和花市都比较近，领导下来视察几乎是必看的一个点，因此一直被作为重点乡镇进行打造。大量的基础设施都集中到水镇，整体来说就显得比较完备。

除了基础设施建设，乡村振兴办的核心工作就是产业发展。

或者说，基础设施建设也是为了更好地发展产业。这几年，花县的产业发展包括政府引领新品种的种植，引进龙头企业，引进先进的经营理念。另外就是抓销售，这个是重点，农产品如果卖不出去，卖不出好价格，产业发展就是一句空话。

在产品销售这一块，乡村振兴办首先是大力发展冷冻库。去年建了两个，前几年已经建好了几个。这些冷冻库可以延长水果的存放时间，对于农民提高收入很有帮助。冷冻库就建在村里，由村里自己管理，现在主要是用于存放桃子、李子。

乡村振兴办的目标是希望给每个村都建一个冷冻库。一个冷冻库的成本是30多万元，扶贫办和商务局每年都有专项资金。去年花镇原本就有一个冷冻库的指标，后来又争取了一个，因为有些平原乡镇不种水果，就不需要建冷冻库。

促进产品销售的另外一项工作是发展电商，建电商产业园。花县打算把产业园放在原来的老化肥厂，一方面化肥厂的仓库面积够大，一次可以进30台大车；另一方面那个地方挨着水果批发市场，是花县林果、西瓜、红薯交易的集散地。目前已经有几十家电商企业同意入驻。电商企业算得上是轻资产，不需要太大的投入，政府主要就是帮忙解决场地问题，租给他们用。

乡村振兴办还想做的一件事情是帮农民做好作物的前期选种，请专家做土壤鉴定，看看当地种什么会有比较优势。

农村发展到一定程度之后，阿信认为就应该进行生产的组织化，把现有农民进行专业化分工，然后大面积推广先进的种植技术。有的村已经开始在搞党建引领合作社。这项工作要做实很不容易，农民习惯了单家独户搞生产，如果理念上没有调整过来，就不可能实现真正的合作。所以，这项工作目前还不是他们关注的重点。

美丽乡村转化为美丽经济？

虽然乡村振兴办很想发展农业产业，但是他们也知道其中的风险。这几年，花县的农业产业一直在萎缩，在阿信看来，搞农业就是个情怀，很难赚到钱。但是光靠情怀，恐怕也不能持久，这也是政府想要积极介入的原因。问题是，如果市场自己都解决不了的问题，交给政府就能做好吗？会不会有更大的风险，最后赔了夫人又折兵？其实阿信心里也没底。

这几年，花镇一直在筹划一件大事，那就是把全镇的林果都集中起来，支撑起一家企业来搞加工和销售，政府可以提供帮忙，包括基础设施建设和资金支持。问题是，如果农产品集中起来之后卖不出去，风险就有可能转移到政府身上。因此现在政府也没有下定决心去做这件事，似乎接触的企业也没有太大的热情。在水镇，就有老板包了500多亩田用来搞稻虾养殖，投入的成本很高，但是产量却很低，价格也不高，老板一直处于亏损状态。这种情况，你说政府帮还是不帮呢？毕竟这么大一个项目，当初也是在政府的动员下才搞起来的。

上面这些都是传统的种养产业，政府目前介入的还不算太多，主要是搞了一些基础设施，比如冷冻库之类的。现在政府投入较多的是新兴的美丽经济，也就是先打造出美丽乡村，然后通过发展旅游业，将美丽乡村转化为美丽经济，进而提高农民收入。

在阿信看来，美丽乡村建设是乡村振兴最重要的一部分，因为最容易看到效果，几乎是个速成的东西。本来县里的野心很大，想要全县整体打造，每个小组投入30万元，按照乡村振兴办的统一要求，小组自己先做，做完后由乡村振兴办去验收，达到要求就由财政给钱。花县一共有2000多个小组，如果都打造的话，根本找不到这么多的资金。最后只好在全县找10个小组集中打造。

作为全省的美丽乡村建设示范点，花村是花县的一张名片，因此要举全县之力进行打造。在那10个小组的名单中，花村就占了两个小组。在美丽乡村建设示范点之前，花村就是集体产权制度改革的试点。一开始的想法是把花村一个小组的破旧房屋推倒后复垦，作为宅基地改革的亮点。后来县里领导去看了之后，觉得可以把这些老房子收拾收拾，搞成古色古香的民宿和农家乐。为此，政府投入了大量资金进行改造和建设，并且引入了一家企业开发乡村旅游。

换个村子重新打造？

然而几年下来，阿信对花村的发展有点失望。虽然投入了大量资金，也制造了一些景观，但是旅游产业一直没有发展起来，农家乐也倒闭了大半，社会矛盾也是一波接着一波。在阿信看来，花村的发展模式并没有亮点可言，因为周边的美丽乡村都是这么个样子，它们都是同一个师傅规划出来的，能有什么创新？

现在，花镇和县里想调整一下思路，把花村打造成艺术村落。政府把北京宋庄的画家请过来，到花村看了看，画家们似乎还比较满意，都有兴趣过来居住。为了将这些画家吸引过来，花县的领导亲自出面跟画家谈。政府准备利用集体土地入市的方法，给每个画家一块地，让他们自己建房子，楼上画画，楼下展示。这样，就有可能通过文化将人气带动起来。

当然，也有可能画家们只是看上了这些宅基地，能不能把人气带动起来，谁也说不准。不过，作为一种创新模式，上面的领导应该会喜欢。

另外，政府也在考虑，是不是引入外地老板来花村搞农家乐。阿信觉得，花村本地的农民根本没有经营理念，没有可持续发展的想法。他们搞农家乐也不追求饭菜质量，都是一锤子买卖，敲一竹杠就完了，这个样子自然不会有回头客。因为土地比较多，花村的农民把所有感情都投入土地上面，而其他的都是副业，搞农家乐是这样，甚至当村干部也是这样。阿信摇了摇头，显得很无可奈何。

如果花村的工作不好开展，阿信认为可以再换个村子重新开发。比如就到羊村，先从环境整治开始，然后通过政府把他们的老房子收购个 100 套集中开发。阿信考察过，羊村那一块区域，也就 24 套农房住了人，其他房子都是闲置的，政府要收上来应该也不难，估计花个六七百万元就成。阿信准备跟花县的领导沟通一下，如果县里同意，就可以聚集更多的资源过来。

让阿信有点犹豫的是，这样打造，会不会重新陷入花村的困境之中？美丽乡村这个旅游市场看起来很大，也许真的没有那么大，特别是对于花村、羊村这些非城郊的村子来说，到底有多少人会来消费呢？

失败的风险很大，但是除了搞美丽乡村见效快一点，其他产业更是不好发展。搞一搞美丽乡村，那至少给上面的领导看起来还是挺美的。

向上看，向上看！

让阿信更郁闷的是，现在这个乡村振兴，感觉就完全是从上往下推，而且推得很辛苦。村里的干部都没什么思路，什么都要靠乡镇领导把方案想透了再交代他们具体怎么做。当然，县里的领导也会有自己的大思路，每年都有发展的主攻方向。如果乡镇干部提出的发展方案跟县里的大方向吻合，那就很容易得到上面的支持。一句话，这乡村振兴，几乎就是县乡干部想着怎么振兴。村干部没什么想法，老百姓也没机会想，想了也没用。

连村干部的能力都堪忧，你还指望农民给你想出什么花来？阿信摇了摇头，叹了口气。还是得靠我们乡镇干部和上面的领导琢磨啊！

你看那些村干部，上面关于乡村振兴的思路都没有想透，甚至都没有去想。他们经常来问我，你说我这个树怎么种啊，种哪里啊？非得我到现场作了决定才能搞，我没定，他们就不动。哎，他们就是没有思路，也害怕犯错。

也别怪我说他们，他们真的是一说就错。阿信露出了恨铁不成钢的神情。

有些村，你根本就推不动，村干部没有积极性，当村干部对他们来说也就是一种荣誉，一份兼业。他们的感情都投入土地里面了，你看他们花那么多时间在种田上面，把庄稼种那么好，就是没花心思在乡村振兴的思路上面。

其实，有不少乡镇干部也没什么思路，他们的知识比较陈旧，还是过去老一套的做法，完全跟不上上面领导的思路。你比如说在美感美学方面，很多干部就没有知识储备，你让他去设计一个方案，怎么设计你都感觉很老土。也许是考虑到这个因素，现在越来越多的乡镇领导都是从县里空降下来的，毕竟县里的干部视野更宽阔，更懂得向上看，能够从全局的角度来思考问题。所以对县里来说，这些空降到乡镇的干部其实更好用。

因此啊，乡镇干部就不能只是埋头苦干，还要学会向上看，最好工作一段时间就争取调到市里，然后再空降下来。阿信结合他的成长路径，总结出了一套经验。

是啊，所有干部都想着怎么向上看，而不是向下看。长此以往，老百姓不理你，还真不能怪人家。

企业不"坏"，政府不爱

这些年来，"农业现代化"这个大词听多了，总感觉哪里有点怪怪的。有些问题想不太明白，后来想明白了，却感觉有点害怕。在一些地方政府看来，农业现代化就是农业规模化，而农业规模化的核心就是农业企业化。因此，政府出台各种利好政策，拿出大量的真金白银，不遗余力地支持农业企业，即使很多农业企业根本没有市场生命力，甚至"种什么亏什么"，政府依然用大爱来维系企业的存活，却对多数农民心心念念、相当不便的农业基础设施视而不见。

老板的选择

大肖看起来人高马大，但是声音却很温柔。作为一个在省城闯荡多年、阅历颇丰的中年人，大肖向来深得老板的信任。除了能力之外，同为花县老乡大概也是一个重要的原因。虽然在公司担任要职，但是大肖看起来非常朴实和低调，连使用的座驾都显得非常老气，又老又过气，花村小年轻随便一辆小车可能都比这强。

回到花村搞项目之前，大肖一直在省城的建材公司上班。老板和大肖是发小，这一路的发展也有赖老板的赏识和重用。公司除了做建材生意，另外一块大的业务就是承接政府的基础设施建设工程。这些工程都是大活，能拿下来离不开老板各方的人脉资源。大肖看在眼里，对老板是由衷的佩服。有一次，公司接了一个工程，挖掘机一挖，就挖出了大把很好的沙子和石子。按照行规，这些开挖出来的砂石收益都归承接公司所有，公司随便一卖就赚了几十万元，这完全是额外的一笔收入。

老板向来有一种乡土情结。在省城的生意越做越大，乡土情结不仅没减，反而愈发的浓厚。很早的时候，老板就说功成名就之后要回花县种西瓜。结果这一信息不知怎么的传到花镇领导的耳朵，当年的镇党委书记下定决心要把这尊大佛请到花镇来投资。

经不住党委书记的几次动感情的游说，老板终于决定回到花县，重点投资花镇的农业产业化建设。省城的公司则移交给自己信得过的家人，老板人到中年，也想着换个行当，到农业领域扑腾一下，说不准还能激起一大片浪花。

回村种西瓜

在大肖印象中，老板从省城全身退回花县并注册农业公司，应该也有十个年头了。这些年来，公司在花镇的农业投资不下于6000万元，单单在花村的投资就超过2000万元，作为回报则是几乎年年的亏损。这些投资数目以及盈亏情况，有可能是老板在某次酒后闲谈时跟大肖透露的，也有可能是老板在跟政府领导诉苦的时候讲出来的，大肖已经有点记不清了。更细的账目，大肖自然也不好细问，或许也不是他希望随时能记住的信息。

但公司经营的基本面是清楚的，也就是不赚钱甚至还处于亏损之中。至少花镇领导从大肖和老板那里能够经常听到这样的反馈，甚至花村的农民对这一情况也了然于胸。

公司成立后，最先是在水村搞西瓜育苗。老板建了三个现代化大棚，跟村里租了 100 亩地用来集中育苗。之前农民种西瓜都是各自为战，各收各瓜，公司进驻之后开始跟农民签订订单合同，把农民的西瓜收上来之后统一出售。西瓜这玩意皮得很，同一块土地最好隔一年再种，否则容易得病。农民哪管三七二十一，看着市场行情好，恨不得每年多种几茬，怎么可能隔年再种。

为了迎合农民的需求，公司采用了外地相对成熟的技术，用抗病毒能力较强的葫芦苗来嫁接西瓜，这样培育出来的西瓜苗就可以每年在同一块地上种植了。在水村的西瓜育苗项目，公司长期聘用的员工只有七八个。每年到嫁接的时候则需要大量人工，公司就临时聘用，一个人工一天的工资 200 元左右。

早些年，花镇也有一些大户搞西瓜育苗生意，公司进入这一行当之后，那些大户就做不下去了。毕竟公司有雄厚的资本支持，无论在育苗的品质还是价格，竞争力都相当明显。公司在把握市场需求方面也比大户灵敏，通过跟全国主要的西瓜集散地及育种基地保持紧密沟通，公司能够及时了解哪种西瓜品种更受欢迎。农民因此也更愿意购买公司的种苗。

硬着头皮种

水村的项目搞了两年之后，公司又到牛村流转了 150 亩的土地。流转过来之后，公司进行了土地平整，建起了大棚，开始种植蔬菜瓜果。虽然公司在大棚种植投入不少，但是种出来的品质比较差，销售的情况更差。大肖有点无奈地说，接下来公司准备强化蔬菜瓜果的销售工作，尤其是加强与超市的对接。为什么持续亏本，公司还要苦苦支撑呢？因为这 150 亩土地，公司是长期租赁的，有的地块三十年，有的地块五十年。每亩租金超过 1000元，虽然租金是每年一付，但是公司也不敢随便毁约跑人。

一方面，公司是花镇乃至花县重点关照的龙头企业，老板又是本地人，随便毁约的话，面子上着实过不去。另一方面，公司把土地平整之后，原来的丘陵土坡被整平了，已经很难恢复原状，再要分下去给农民很容易引起矛盾。花村就发生过这样的纠纷，老板毁约之后，农民因为土地平整之后面积变少而怨声载道。因此，公司只能硬着头皮继续种下去。

不久，公司又在牛村的另一个小组租了一块 500 亩连片的水田，每亩租金是 1000—1200 元，一租三十年。开始是用来养小龙虾，结果亏了，后来用来种水稻。这块地也是平整过了，土地平整则是政府的项目出的钱。实际上，整个牛村几千亩的土地都进行了平整，当年是国家的一个土地整治项目。具体的平整工作正是由公司来承接，政府之所以愿意把这么大一个项目交给公司，一方面是政府落实对公司照顾政策的承诺，另一方面也是因为公司具备土地平整的实力。老板在省城的那家公司，本来就是搞基础施工的，各种机械设备应有尽有。平整土地的时候，老板把那些机械设备调过来，整个弄下来能够给项目节约不少成本。

土地平整之后，耕种自然就方便了，因为大型机械能够自如地下田操作，而且沟渠和道路也做了重新的布置，农民都很满意。虽然这几年花县类似的项目也不少，但是能够像牛村这样整村推进彻底把土地平整的，也就独此一家。其中至关重要的原因是牛村的干部队伍非常得力，干群关系很好，所以虽然项目开始的时候有不少阻力，但是很快都被搞定了。花村的农民，对牛村的土地平整一直都很眼红，但是也无可奈何。

有时候，老肖也挺困惑的，这样规模化种植到底划不划算。你比如说这块 500 亩的水田，理论上讲，集中种植的产量应该更高才对，因为土地也平整了，农药化肥的使用更均匀，水利条件也更好了，没道理不高产。但是问题在于除了种子、化肥、农药等物资越来越贵之外，管理成本也不断攀升。公司种田，除了整田、插秧、收割可以机械化，其他管理工作包括管水、施肥、病虫害防治、杂草防治，都是用的人工，施肥撒药，当然也可以用无人机，但是成本反而更高。

开始的时候，公司雇人种田没有搞承包制，结果那些雇来的农民根本不用心干活，表面工作做得不错，背地里偷工减料你也没辙。搞农业是个奇怪的事情，农民自家搞，起早摸黑都不怕，一旦成为农业工人就慵懒得不行，公司也不可能再雇一批人成天盯着他们干活。这么种田，自然是要亏本的。后来公司改变了管理模式，把土地承包给农户来种，每个人管理 20 多亩，然后规定工资跟水稻收成情况挂钩。这种分包制，实际上又回归到小农种田的模式，效果确实也不错，农民干活的积极性提高了很多。

旅游来花村

前几年，公司终于来到了花村。因为花村是美丽乡村建设示范村，政府投入了大量资金，想打造出个亮点。在这种情况下，政府自然想引进几家企业来一起经营。在老肖看来，地方政府之所以看中他们公司，大概也是这几年看到老板屡亏屡战，真心想搞农业。引进来之后，政府就围绕着公司开展规划和资金投放，尽可能把扶持政策用足。这些政策一方面是给企业免税，另一方面则是通过政府动员，让村干部做农民的工作，以便宜的租金将土地流转给企业。由于政府和村集体的强势推动，花村的几千亩土地很快就集中流转到公司的手里。

在基础设施方面，花县也是下了血本，通过整合项目资金，投入3000多万元用于花河旁边修建景观路。此外，游客中心、干部培训教育基地的几个房子，也是政府投钱建的。园区里面的沟渠，也是政府支持建设的，耗资几百万元。为了配套乡村旅游的餐饮和住宿，政府通过财政补贴引导村民搞农家乐，把老旧房子修缮一新，接待游客吃饭和住宿。实际上，整个项目点的规划设计，也是花县园林部门出面来设计的。

作为项目最大的卖点，花河是至关重要的一个要素。无论是花河的水上旅游项目还是沿河的步道，对水量和水质都有一定的要求。花河的水来自上游的花河水库，主要是用于农业灌溉。政府为了支持公司旅游项目的开展，跟花河水库打了招呼，让他们既要保持花河的水量，同时又不能放太多的水。大肖对政府的支持很是感慨，认为这个旅游项目之所以开展比较顺利，离不开政府和村集体的大力支持。

大肖的布局

公司在花村安顿下来，找了 10 多个管理人员，跟着大肖一起经营花村的旅游项目。这几年，公司在花村修建了几个大棚，在项目点内修了路，在路上铺了砖，在路边铺了草坪。大肖的思路是，通过把花村经营好，引入市里面的旅游公司，让旅游公司带游客过来消费。据了解，已经有旅游公司承诺一年引导 200 多万的人流量来花村。问题是，游客来花村看什么呢？

一个是游乐设施。大肖在花村建了游乐场，有泳池，有儿童水上乐园，有民俗馆。这些游乐设施主要是面向小孩的，通过小孩带动家庭旅游。

其次是采摘乐园。去年，公司在花村种了几十亩的大棚草莓，采用的是立体种植的模式和先进的管理方式。草莓长势喜人，眼看就要上市了，结果新冠疫情不期而遇，各地都封了城，草莓根本就没人来采摘，也卖不出去，一下子亏了 100 多万元。

还有一大动作，那就是用集成房屋来搞民宿。大肖从外地拉了一些集成房屋，安置在花村的项目点。这种集成房屋有两个套间，大肖认为出租一天的价格至少是 300 元，通过这些房屋出租，可以吸引城里人周末或假期来这里度假散心。

巨大的浪费？

虽然这个项目已经运行了几年，政府、企业都投入了不少的资金，农民为农家乐也投入了一笔不小的钱。但是未来的前景如何，大肖心里也不是很确定。在商界这么多年的经营，大肖清楚农业企业不论是搞种养还是搞旅游，风险都不小，血本无归的案例也不少见。就拿公司之前在花镇的经营项目来看，几乎是年年亏钱。这么多年了，老板还愿意坚守在这里，大概也是真爱吧，大肖颇有些感慨。

市里的旅游公司真的能把客流量引过来吗？那就要看花村这个项目点到底有什么看头。在政府一些干部看来，似乎类似花村这种乡村旅游的模式在周边也不少，至少从目前来看，花村的优势并不明显。

由于旅客不多，而且很多是来自周边的散客，他们开车来看个半天就回家了，很少在村里吃饭。因此，农家乐并不怎么红火，真正赚钱的也就几家跟政府或村集体关系比较紧密的。一些农家乐干脆把门关了，安心种田或外出打工。那些继续坚持的农家乐，为了争夺客源，时而也会爆发冲突，原本关系不错的家庭，因为利益而反目成仇，甚至成为村庄社会不稳定的一个隐患。

还有一些农民担心，原本灌溉条件就不太好，现在花河的水量排放为了照顾公司的旅游项目又受到限制，会不会影响下游地块的灌溉呢？

虽然从整体上讲，大肖对政府各方面的支持是感激的，但是在政府提供的一些基础设施建设上，大肖也不是全然满意。比如说，政府投入几百万在园区内修建的沟渠，在大肖看来又窄又浅，根本无法把花河的水引进来。

这无疑是一个巨大的浪费啊，大肖温和地抱怨道。

乡村振兴的意外后果

幺蛾子

老吴是花镇的副镇长，作为微胖系的代表，他最近听说胖已然被认为是一种工伤。这一下子，老吴就为自己彪悍的身材找到了一个理由，不需要再因为老婆鄙夷的眼神而躲躲闪闪。在基层工作，压力大，应酬多。虽然这几年应酬少了，但是想要根除，那也是不现实的。有些工作，你不跟老百姓喝点酒，还真不容易搞定。

当然，还有一些相当复杂的工作，就算不喝酒你也得搞定它。每当回想往事，那个月黑风高的深夜上访事件总会第一时间浮现在老吴的眼前。作为花镇干部中的老同志，老吴辅佐过几任一把手。处理深夜上访事件的时候，花镇的党委书记还是老江。

乡镇的工作，历来是烦琐而复杂。在资源有限的情况下，乡镇干部除了要做好本职工作，还承担着包村工作的任务。每个乡镇干部至少要包一个村，这个村发生的大小事务都要包村干部负责，特别是社会稳定这件大事。

这几年，老吴包的村都是花村。早些年，这是一个平平淡淡的村子，后来被指定为美丽乡村示范点，资源多了，麻烦也跟着多了。深夜上访事件，就发生在成为示范点之后的花村。到现在，老吴还是有点想不明白，上头这么关照花村，县乡领导一致同意在这个村搞乡村振兴的示范点，老百姓咋还不乐意了，非要跑去上访告状。

据说，县里的领导之所以看中花村，主要是因为那条贯穿全村的花河以及那些个颇有古风的老房子。但是除了这些还不够啊，乡村振兴必须要有产业，而花村没什么产业基础，只能搞搞旅游业。要搞旅游业，就得引进一家旅游公司来经营；而要支持旅游公司活下去，就得帮它从农民手中流转一些土地过来。

就是在土地流转这件事情上面，出了幺蛾子。

推不动

作为包村干部，花村的开发建设自然要由老吴直接负责。土地流转这些基础的事情，都是在老吴的手下搞起来的。为了尽快推进土地流转，镇里给老吴配了一个工作队，除了花村的干部，再就是花镇一些比较得力的干部。工作队人不多，工作量却不小，每天每夜都要到老百姓家里磨嘴皮子，但是进展速度相当慢，老百姓都不愿意把土地流转给企业。

到后来，老吴眼看着土地流转推不动，心里着急得很。实在没办法，他就跟老江书记汇报情况，要求再调两个干部过来。哪两个干部呢？一个是计生办主任，她娘家就住在花村，请她加入工作队，应该会有利于工作开展；另一个是城建所主任，他在乡村建设这一块积累了不少工作经验，过来的话应该也能帮得上忙。

事实证明，这些帮手过来之后，依然没有缓解土地流转的艰难局面。在政府看来，土地流转是一件极好的事情，农民不用被捆绑在土地上面，可以安心外出打工，还能够拿土地流转费；土地流转给企业搞旅游开发，也有利带动村庄发展，到时候人气旺了，农民还可以开个农家乐什么的，在自己家里赚钱，何乐而不为。

然而在农民看来，把土地长时间流转给企业，相当于是把他们保底的饭碗丢了，万一在外面找不到合适的工作，回来又没有地可以种，想靠那么一点点土地流转费过日子，哪里靠得住？老吴三番五次跟农民解释，现在是共产党执政，怎么可能让你们饿死呢？但是农民还是想要把土地留在自己手里。

谈着谈着，突然之间就爆发了群体性上访事件。

黏腻的夏夜

那是个星期五的晚上，老吴正舒舒服服地躺在沙发上，准备看看电视，犒劳一下忙碌一周的自己。这时候老江书记的电话就打过来了。老吴啊，你赶紧过来，花村的老百姓抱团要到县里信访了！一听到手机里传来老江书记焦急的声音，老吴一激灵就从沙发上弹了起来。

老吴二话没说，换了套衣服就赶忙开车到镇政府。老江书记已经在政府大院门口踱来踱去，一看老吴的车开过来，打开车门就准备一起下村。

书记啊，今天晚上你就先别去了。老吴在基层摸爬滚打多年，对这些事情的处置有一套想法。你看啊书记，这个事情最好我先出面，如果我搞不定你再出面。要是你现在就去，到时谈不拢就没有退路了。

老江书记觉得在理，点点头同意了。那好，我手机一直开着，有什么情况你随时给我打电话。

告别了书记，老吴开着车，风驰电掣地赶到花村。还没到村里，老吴就听说有二十几个农民搞了两个小车和一个面包车，已经开到县城去了。老吴和村干部赶紧追过去，最后在县政府门前把上访的群众拦了下来。一番口舌之后，老百姓根本不想听老吴他们的话，群情激愤，最后决定干脆到市里上访。既然车都开到县里了，县里又找不到领导，不如再开远一点到市里告状。

老吴和几个村干部劝不动老百姓，只好跟在他们后面，一路来到市里的信访局。这个时候已经是夜里十点半了，初夏的气温已经开始黏腻，特别是在结束了一周工作的周五的夜里，老吴感觉空气中弥漫着烦躁的味道。

越聊越上头

周五的夜晚，对农民来说没有什么特别的意义。农忙就是工作日，农闲就是休息日，植物的生长周期而不是政府的工作周期决定了农民的时间观念。大概是几个朋友聚在一起喝了点小酒，聊着土地流转的事情，越聊越上头，然后就上访了，哪管你是周五夜里还是周日清晨。

当然，人家市信访局是正规单位，即使是夜里十点半，也是有人值班的，只是没有领导而已。老吴找到上访人群中几个领头的兄弟，分别给他们做工作。是这样的，老弟，你们就算上访了，上头无非也就是给你们一张纸条，最后还是要交给我们处理。老吴抹了一把额头上的汗。你看，你们还不如现在回去，我保证明天早上八点半，让镇里的党委书记和我一起到你们村里开会，你们有什么诉求，第二天再当面说。

老百姓相当坚决，他们要求见信访局的领导。老吴苦口婆心地劝，老百姓也听不进去，他们就在信访局门口闹哄哄地吵着。还好是夜里，也没什么人来围观。

最后一直到凌晨两点半，老百姓才同意回村里。许是老吴的劝解发挥作用了，也有可能是大自然的规律发挥了作用：搞了一个晚上，老百姓大概也觉得挺疲倦的。

回村的路上，老吴给老江书记打了个电话，说人已经劝回来了。虽然是跑去了市里，但毕竟没有造成太大的影响。但是第二天早上你可要跟我到村里跟老百姓开会，把事情摊开讲。书记自然是同意的，让老吴赶紧休息一下。

回到村里，已经是凌晨五点了。老吴看着人群散去，自己才拖着疲惫的身子回到家里。睡了一个多小时，老吴就起床赶到村里。老江书记也从县城家里赶了过来。

名片而已

这是个阳光明媚的周六早上。

经过一夜的折腾，老百姓睡眼惺忪坐在凳子上，连连打着哈欠。在此起彼伏的哈欠声中，老江书记详细描绘了花村开发的蓝图，并且表示土地流转的价格不会让大家吃亏，政府会想办法，让企业提高流转费用。老江书记言辞流利，语气诚恳。你想啊，到时你们把土地流转给企业，企业搞开发，有很多工程，你们还可以参与进去，平时也可以给企业打打工，企业付你工资，多好的事啊。

花镇的一把手亲自来做工作，而且答应抬高土地流转租金，多数老百姓也就同意了。剩下一些不同意的，主要是反映要个低保，这啊那啊的家庭问题。老江书记和老吴表了态，说这些问题都是可以讨论的，政府想办法解决。就这样，土地流转的工作总算往前推进了一大步。

在回镇政府的路上，老江书记颇为感慨。你看他们这个村，实际上是个死角，房子都是破破烂烂的，真的很烂，如果我们不引入企业帮他们开发，那它根本就发展不起来嘛！你说，这么浅显的道理，为什么老百姓就看不明白，还这么不配合呢？

老吴在花村待的时间长，他知道老百姓并不傻。但是那个地方确实闭塞啊，你看，明明是土地流转，老百姓说是政府要把他们的土地收了。说到底，那还是对我们地方政府不信任啊，他们整天喊着说，上面的政策是好的，都是下面的政府有问题，以为我们要收了他的土地。

　　老江书记叹了口气。是不是我们做的事情，真的不符合老百姓的需求呢？这么好的事情，推起来真是困难啊！这次上访事件，虽然看起来是政府赢了，不但把老百姓劝回来，而且把土地流转的事情也落实了。但是老百姓会以为，正是因为他们去市里这么一上访，结果土地流转费就涨了。而且土地流转费高了，企业也会有意见，最后还不是要政府想办法擦屁股。

　　后来，花村经过政府精心打造，成了当地的一张名片。名片而已。